COMPACT AKTIV-TEST

2.000 x Minuten-Training SPANISCH Grundwortschatz

José Cárdenes Melián

Compact Verlag

Chefredaktion: Claudia Schäfer
Redaktion: Bea Herrmann, Karina Partsch
Redaktionsassistenz: Silvia Schulz
Produktionsleitung: Martina Baur
Umschlaggestaltung: Inga Koch
Printed in Germany
ISBN: 3-8174-7049-5
7270493
Besuchen Sie uns im Internet: www.compactverlag.de

Vorwort

Der praktische Compact Aktiv-Test ermöglicht es Ihnen, Ihre Spanischkenntnisse schnell und auf einfache Weise zu vertiefen, aufzufrischen und zu überprüfen.

Die kurzweiligen Übungen in einem handlichen Format machen den Aktiv-Test zur idealen Trainingsmöglichkeit für zwischendurch - ob in Bus oder Bahn, an der Haltestelle, im Wartezimmer, in der Mittagspause oder zu Hause.

Mit 2.000 Einzelübungen umfasst das Buch die wichtigsten und gebräuchlichsten Vokabeln des spanischen Grundwortschatzes.

Schreiben Sie Ihre Lösungen einfach ins Buch! Die richtigen Lösungen sind stets auf der gegenüberliegenden Seite angegeben.

Mit dem Compact Aktiv-Test und einem Bleistift haben Sie die Grundausrüstung, um Ihre Spanischkenntnisse im Minutenschnelle zu trainieren. Viel Spaß!

Inhalt

Lösung 1: a. alto & bajo b. bonito & feo c. pequeño & grande d. limpio & sucio
e. fuerte & débil f. tarde & temprano g. salir & entrar h. antes & después
i. abrir & cerrar j. gordo & delgado k. ancho & estrecho l. pobre & rico m. bueno & malo
n. dentro & fuera o. arriba & abajo

1. Barato & caro Verbinden Sie die zusammengehörigen Gegenteile!

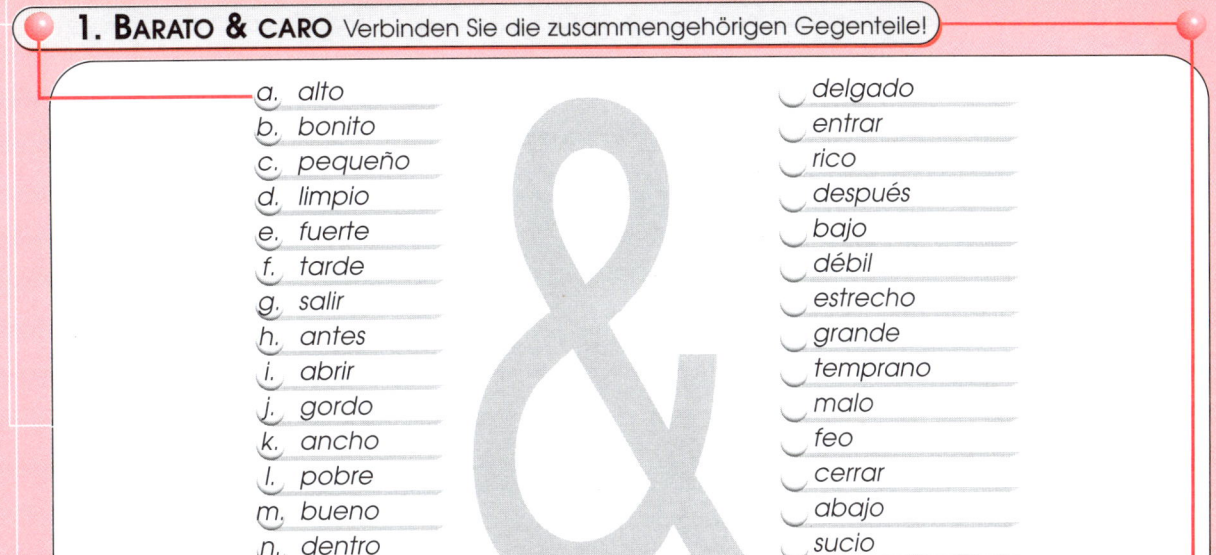

a. alto	delgado
b. bonito	entrar
c. pequeño	rico
d. limpio	después
e. fuerte	bajo
f. tarde	débil
g. salir	estrecho
h. antes	grande
i. abrir	temprano
j. gordo	malo
k. ancho	feo
l. pobre	cerrar
m. bueno	abajo
n. dentro	sucio
o. arriba	fuera

2. ¡BÚSCAME! Welches Wort passt nicht zu den anderen?

a. uno, dos, trece, cuatro

b. francés, inglés, suizo, bávaro

c. jamón, queso, pan, jabón

d. lunes, martes, miércoles, junio

e. col, pimiento, cebolla, vinagre

f. caminar, ir, correr, volar

g. entender, comprender, mirar, saber

h. nieve, lluvia, viento, verano

i. gallina, pato, cordero, ganso

j. camisa, chaqueta, gafas, corbata

k. escribir, leer, anotar, dibujar

l. naranja, vino, zumo, té

m. cansado, hambriento, pobre, sediento

n. oír, ver, oler, cenar

o. mañana, tarde, noche, ayer

Lösung 3: a. cortar b. cubierto c. duro d. madura e. papel f. almuerzo g. cena h. vaso i. móvil j. ordenador k. aprender l. hasta luego m. desayuno n. propina o. guaguas

Lösung 2: a. trece b. bávaro c. jabón d. junio e. vinagre f. volar g. mirar h. verano i. cordero j. gafas k. leer l. naranja m. pobre n. cenar o. ayer

3. ¡COMPLÉTAME! Welches Wort gehört in die Lücke?

a. Un cuchillo sirve para _ _ _ _ _ _ _ _.
b. Con un _ _ _ _ _ _ _ _ se come.
c. Este pan está _ _ _ _ _ _ _ _. No se puede comer.
d. La manzana está _ _ _ _ _ _ _ _. Se puede comer.
e. Las servilletas en los bares son de _ _ _ _ _ _ _ _.
f. En España el _ _ _ _ _ _ _ _ es a las dos de la tarde.
g. Pero la _ _ _ _ _ _ _ _ puede ser después de las diez.
h. Un _ _ _ _ _ _ _ _ de agua cuesta cien pesetas.
i. Si tiene un _ _ _ _ _ _ _ _ puede telefonear siempre.
j. Para trabajar en internet necesitamos un _ _ _ _ _ _ _ _.
k. Para _ _ _ _ _ _ _ _ español hacemos ejercicios.
l. Cuando nos despedimos decimos _ _ _ _ _ _ _ _.
m. El _ _ _ _ _ _ _ _ español no es muy fuerte.
n. Después de pagar, damos al camarero una _ _ _ _ _ _ _ _.
o. Las _ _ _ _ _ _ _ _ son los autobuses en Canarias.

hasta luego
aprender
ordenador
móvil
cena
cortar
madura
cubierto
propina
vaso
duro
guaguas
papel
desayuno
almuerzo

4. ¡Somos casi iguales! Welche Synonyme bilden ein Paar?

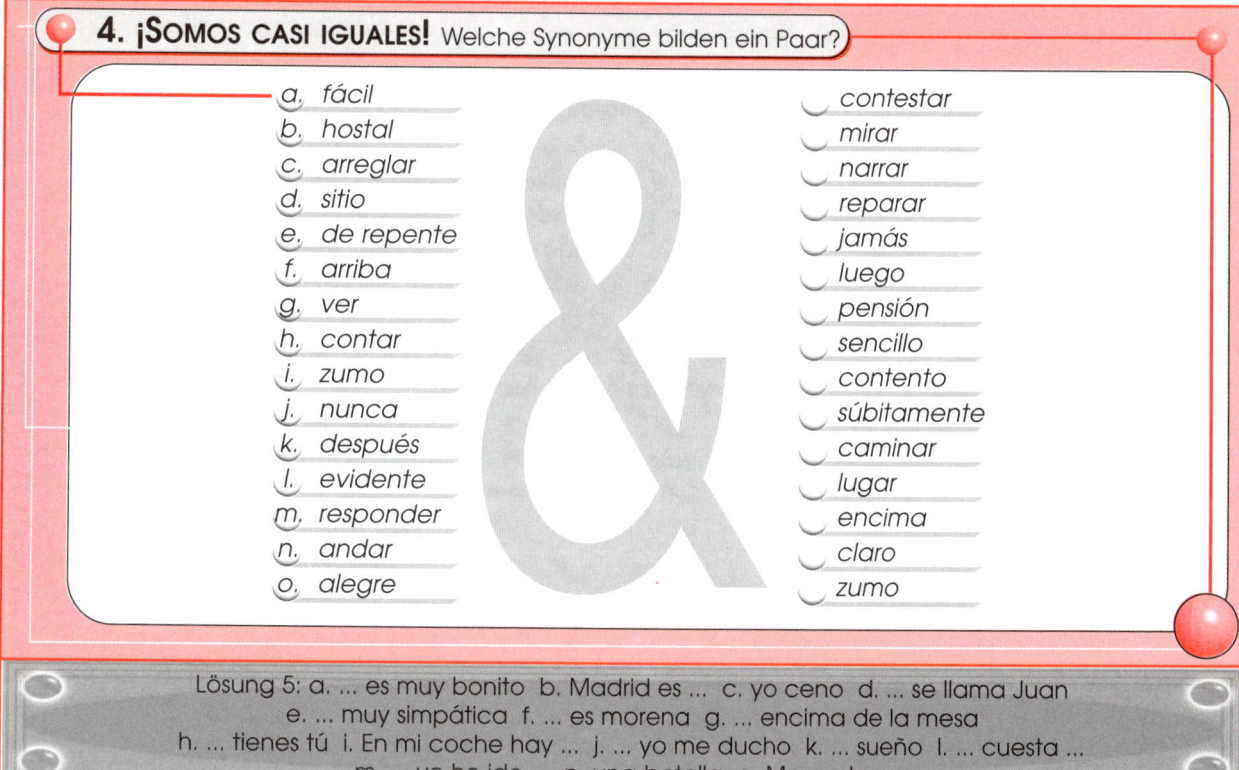

a. *fácil*	◯ *contestar*
b. *hostal*	◯ *mirar*
c. *arreglar*	◯ *narrar*
d. *sitio*	◯ *reparar*
e. *de repente*	◯ *jamás*
f. *arriba*	◯ *luego*
g. *ver*	◯ *pensión*
h. *contar*	◯ *sencillo*
i. *zumo*	◯ *contento*
j. *nunca*	◯ *súbitamente*
k. *después*	◯ *caminar*
l. *evidente*	◯ *lugar*
m. *responder*	◯ *encima*
n. *andar*	◯ *claro*
o. *alegre*	◯ *zumo*

Lösung 5: a. ... es muy bonito b. Madrid es ... c. yo ceno d. ... se llama Juan e. ... muy simpática f. ... es morena g. ... encima de la mesa h. ... tienes tú i. En mi coche hay ... j. ... yo me ducho k. ... sueño l. ... cuesta ... m. ... yo he ido ... n. una botella o. Me gustan ...

Lösung 4: a. fácil & sencillo b. hostal & pensión c. arreglar & reparar d. sitio & lugar e. de repente & súbitamente f. arriba & encima g. ver & mirar h. contar & narrar i. zumo & jugo j. nunca & jamás k. después & luego l. evidente & claro m. responder & contestar n. andar & caminar o. alegre & contento

5. ¡Busque la falta! Finden Sie den Fehler in den folgenden Sätzen!

a. *Este libro está muy bonito.* →

b. *Barcelona es la capital de España.* →

c. *Normalmente yo almuerzo a las ocho de la noche.* →

d. *Mi hermano se llamo Juan.* →

e. *María es una chica mucho simpática.* →

f. *La piel de los peruanos es moreno.* →

g. *El libro está encima la mesa.* →

h. *¿Cuántos años eres tú?* →

i. *En mi coche está un mapa de Alemania.* →

j. *Después de desayunar, yo mi ducho.* →

k. *Cuando yo duermo, sueno con playas.* →

l. *Un coche normal costa veinte mil marcos.* →

m. *Esta mañana yo ha ido a la escuela.* →

n. *¿Cuánto cuesta una botela de agua sin gas?* →

o. *Me gusta los políticos inteligentes.* →

6. ¿„Hay“ o „estar“? Vervollständigen Sie die Sätze mit dem richtigen Verb!

a. *La mesa _ _ _ _ _ en la cocina.*
b. *¿Dónde _ _ _ _ _ la farmacia, por favor?*
c. *Los niños _ _ _ _ _ enfermos.*
d. *Múnich _ _ _ _ _ en Baviera.*
e. *En Madrid _ _ _ _ _ muchos bares.*
f. *¿ _ _ _ _ _ un quiosco en esta calle?*
g. *El café _ _ _ _ _ muy caliente.*
h. *Mi maleta _ _ _ _ _ en el aeropuerto.*
i. *Debajo de mi cama _ _ _ _ _ dos libros.*
j. *En la escuela _ _ _ _ _ estudiantes extranjeros.*
k. *El tiempo en invierno _ _ _ _ _ malo.*
l. *En primavera _ _ _ _ _ flores en el campo.*
m. *En Berlín _ _ _ _ _ Ana y Teresa.*
n. *En la cocina _ _ _ _ _ también sillas.*
o. *¿ _ _ _ _ _ alguna persona de Argentina en este avión?*

Lösung 7: a. tú b. sí c. te d. mi e. ahora f. sé g. ha h. hasta i. la capital j. olas k. cena l. vaca m. pollo n. hay o. aún

Lösung 6: a. está b. está c. están d. está e. hay f. hay g. está h. está i. hay j. hay k. está l. hay m. están n. hay o. hay

7. Se pronuncian igual Kreisen Sie das richtige Wort ein!

a. *¿Eres **tu/tú** un amigo de Ana?*
b. ***Si/sí**, soy amigo de ella.*
c. *¿Cómo **te/té** llamas?*
d. ***Mi/mí** nombre es Leonardo.*
e. *¿Sabes dónde está Ana **ahora/a hora**?*
f. *No, no **se/sé**. ¿Dónde está?*
g. *No **ha/a** venido a la fiesta.*
h. *Ella normalmente trabaja **asta/hasta** las ocho.*
i. *Y trabaja en el **capital/la capital**, ¿no?*
j. *Sí. Desde su oficina puede ver las **holas/olas** del mar.*
k. *Tenemos preparada la **cena/sen**.*
l. *¿Qué tenéis, carne de **baca/vaca**?*
m. *No. Ahora solo comemos **poyo/pollo**.*
n. *¿**Ay/hay** también arroz?*
o. *Sí, pero **aun/aún** no está preparado.*

8. ¡PARA VIAJAR! Welches Verb gehört zu den einzelnen Handlungen?

a. *Para viajar, tenemos que ________ a la agencia de viajes,*	***subir***
b. *________ por un viaje,*	***ver***
c. *________ los billetes,*	***entregar***
d. *________ las maletas,*	***comprar***
e. *y ________ un taxi para ir al aeropuerto.*	***tomar***
f. *En el aeropuerto tenemos que________,*	***hablar***
g. *________ las maletas,*	***estudiar***
h. *y ________ al avión.*	***hacer***
i. *En el avión es posible ________ una revista,*	***ir***
j. *________ una película,*	***esperar***
k. *________ con otros turistas*	***recoger***
l. *y ________ un poco de español.*	***preguntar***
m. *En el hotel, tenemos que ________ la llave,*	***salir***
n. *________ en nuestra habitación*	***llamar***
o. *y después ________ a la calle.*	***entrar***

Lösung 9: a. 8 b. 4 c. 6 d. 2 e. 9 f. 3 g. 5 h. 1 i. 7 j. 11 k. 13 l. 14 m. 15 n. 12 o. 10

Lösung 8: a. ir b. preguntar c. comprar d. hacer e. llamar f. esperar g. entregar h. subir i. tomar j. ver k. hablar l. estudiar m. recoger n. entrar o. salir

9. ¿2 y 2 son...? Rechnen Sie!

a.	*8*	*+*	*5*	*=*	*(¿Ocho y cinco son?)*
b.	*15*	*+*	*11*	*=*	
c.	*35*	*+*	*47*	*=*	
d.	*34*	*+*	*43*	*=*	
e.	*20*	*–*	*3*	*=*	*(¿Veinte menos tres son?)*
f.	*79*	*–*	*20*	*=*	
g.	*61*	*–*	*15*	*=*	
h.	*97*	*–*	*27*	*=*	
i.	*17*	*+*	*14*	*=*	
j.	*120*	*–*	*30*	*=*	
k.	*300*	*–*	*190*	*=*	
l.	*30*	*–*	*19*	*=*	
m.	*101*	*+*	*102*	*=*	
n.	*509*	*+*	*6*	*=*	
o.	*25*	*+*	*30*	*=*	

1. *setenta*
2. *setenta y siete*
3. *cincuenta y nueve*
4. *veintiséis*
5. *cuarenta y seis*
6. *ochenta y dos*
7. *treinta y uno*
8. *trece*
9. *diecisiete*
10. *cincuenta y cinco*
11. *noventa*
12. *quinientos quince*
13. *ciento diez*
14. *once*
15. *doscientos tres*

10. ¡Vivan las preposiciones! Wo befinden sich die Gegenstände?

a. la cocina eléctrica	◯ sobre la mesilla de noche
b. la cama	◯ en el perchero
c. la lámpara	◯ en el garaje
d. el despertador	◯ debajo de la mesa
e. el lavamanos	◯ en el dormitorio
f. el coche	◯ en la sala de estar
g. la gasolina	◯ sobre la mesa
h. la silla	◯ en el suelo
i. el abrigo	◯ en el armario
j. el espejo	◯ en la cartera
k. el sofá	◯ en la cocina
l. los zapatos	◯ en el coche
m. la vajilla	◯ en la estantería
n. los libros	◯ en el baño
o. el dinero	◯ en el pasillo

Lösung 11: a. mediterránea b. al este de Alemania c. una región española d. la capital de Chile e. en el sur de España f. alemana g. una isla caribeña h. una provincia de Cataluña i. en el Atlántico j. con buenos vinos k. ríos importantes l. está al oeste de Argentina m. Austria n. ciudad-estado o. los Estados Unidos

Lösung 10: a. en la cocina b. en el dormitorio c. sobre la mesa d. sobre la mesilla de noche e. en el baño f. en el garaje g. en el coche h. debajo del televisor i. en el perchero j. en el pasillo k. en la sala de estar l. en el suelo m. en el armario n. en la estantería o. en la cartera

11. Geografía Beweisen Sie Ihre geographischen Kenntnisse!

a. *Valencia es una ciudad*	◯ *alemana*
b. *Sajonia está*	◯ *en el sur de España*
c. *Canarias es*	◯ *con buenos vinos*
d. *Santiago es*	◯ *mediterránea*
e. *Andalucía está*	◯ *una región española*
f. *Meißen es una ciudad*	◯ *ríos importantes*
g. *Cuba es*	◯ *al este de Alemania*
h. *Barcelona es*	◯ *los Estados Unidos*
i. *Tenerife es una isla*	◯ *está al oeste de Argentina*
j. *La Rioja es una región*	◯ *Austria*
k. *El Rin y el Elba son*	◯ *en el Atlántico*
l. *La cordillera de Los Andes*	◯ *una isla caribeña*
m. *Al sur de Baviera está*	◯ *la capital de Chile*
n. *Hamburgo es una*	◯ *ciudad-estado*
o. *Al norte de México están*	◯ *una provincia de Cataluña*

12. ¿Un, uno, una? Vervollständigen Sie die Sätze mit dem unbestimmten Artikel!

a. *„Die Zeit" es _ _ _ _ periódico alemán.*
b. *En mi maleta hay _ _ _ _ revista.*
c. *2 menos 1 es _ _ _ _.*
d. *_ _ _ _ hombre de Andalucía es andaluz.*
e. *Mañana compro _ _ _ _ mapa.*
f. *Tú tienes dos coches y yo tengo _ _ _ _.*
g. *Hoy es _ _ _ _ día muy especial.*
h. *La jefe de mi departamento es _ _ _ _ mujer muy inteligente.*
i. *¿Quiere usted dos kilos de tomates? No, solo _ _ _ _, por favor.*
j. *¿Quiere usted _ _ _ _ bolso? No, gracias. Yo tengo _ _ _ _.*
k. *¿Dónde hay _ _ _ _ bar en esta calle?*
l. *Yo soy _ _ _ _ estudiante española.*
m. *Isabel no tiene _ _ _ _ hijo.*
n. *Aquí hay _ _ _ _ estación de autobuses.*
o. *Europa tiene _ _ _ _ capital.*

Lösung 13: a. escribir b. pagar c. jugar d. correr e. nadar f. leer g. sentarse h. aprender i. desayunar j. despertarse k. cocinar l. vivir m. cambiar n. hacer o. abrir

Lösung 12: a. un b. una c. uno d. un e. un f. uno g. un h. una i. uno j. un, uno k. un l. una m. un n. una o. una

13. ¡Complétame! Welches Verb gehört in die Lücke?

a. *Un bolígrafo es para _ _ _ _ _ _ _.*
b. *El dinero es para _ _ _ _ _ _ _.*
c. *El balón de fútbol es para _ _ _ _ _ _ _.*
d. *Unos zapatos deportivos son para _ _ _ _ _ _ _.*
e. *Una piscina es para _ _ _ _ _ _ _.*
f. *Un periódico es para _ _ _ _ _ _ _.*
g. *Un banco es para _ _ _ _ _ _ _.*
h. *Una escuela es para _ _ _ _ _ _ _.*
i. *Para _ _ _ _ _ _ _ se necesita mermelada.*
j. *Para _ _ _ _ _ _ _ es importante un despertador.*
k. *Para _ _ _ _ _ _ _ es necesaria agua caliente.*
l. *Para _ _ _ _ _ _ _ necesitamos comer.*
m. *Para _ _ _ _ _ _ _ dinero se necesita un banco.*
n. *Para _ _ _ _ _ _ _ deporte es buena la playa.*
o. *Con la llave se puede _ _ _ _ _ _ _ la puerta.*

leer
nadar
sentarse
cocinar
escribir
despertarse
hacer
jugar
pagar
cambiar
vivir
abrir
desayunar
correr
aprender

14. ¡SOMOS CASI IGUALES! Welche Verben sind Synonyme?

a. *responder*
1. ◯ *afirmar*
2. ◯ *contestar*
3. ◯ *decir*

b. *gustar*
1. ◯ *preferir*
2. ◯ *coger*
3. ◯ *tomar*

c. *saber*
1. ◯ *imaginar*
2. ◯ *creer*
3. ◯ *conocer*

d. *beber*
1. ◯ *coger*
2. ◯ *dejar*
3. ◯ *tomar*

e. *comprender*
1. ◯ *empezar*
2. ◯ *entender*
3. ◯ *aprender*

f. *encontrarse*
1. ◯ *saludarse*
2. ◯ *estar*
3. ◯ *despedirse*

Lösung 15: a. 55 b. 909 c. 30003 d. 1013 e. 15500 f. 100707 g. 155000 h. 200101 i. 5013 j. 1998 k. 150005 l. 404 m. 511 n. 7111 o. 215017

Lösung 14: a. 2 b. 1 c. 3 d. 3 e. 2 f. 2

15. ¡Números! Können Sie die Zahlen auch schreiben?

a. *cincuenta y cinco* → ______

b. *novecientos nueve* → ______

c. *treinta mil tres* → ______

d. *mil trece* → ______

e. *quince mil quinientos* → ______

f. *cien mil setecientos siete* → ______

g. *ciento cincuenta y cinco mil* → ______

h. *doscientos mil ciento uno* → ______

i. *cinco mil trece* → ______

j. *mil novecientos noventa y ocho* → ______

k. *ciento cincuenta mil cinco* → ______

l. *cuatrocientos cuatro* → ______

m. *quinientos once* → ______

n. *siete mil ciento once* → ______

o. *doscientos quince mil diecisiete* → ______

16. ¡SER Y ESTAR! Vervollständigen Sie die Sätze mit dem richtigen Verb!

a. *Sandra _ _ _ _ _ de España.*
b. *María _ _ _ _ _ profesora.*
c. *_ _ _ _ _ las ocho en punto.*
d. *El Mar del Norte _ _ _ _ _ muy bonito.*
e. *Mi casa _ _ _ _ _ a la derecha del supermercado.*
f. *El café _ _ _ _ _ una bebida caliente.*
g. *El agua del Mar Báltico _ _ _ _ _ hoy muy fría.*
h. *Nosotros _ _ _ _ _ muy contentos hoy.*
i. *Esta naranja _ _ _ _ _ de mi hermana.*
j. *Este café _ _ _ _ _ muy frío.*
k. *La coferencia _ _ _ _ _ en la Plaza Mayor.*
l. *El Café Asturias _ _ _ _ _ cerca de la iglesia.*
m. *El perro siempre _ _ _ _ _ debajo de la mesa.*
n. *Manolo _ _ _ _ _ enfermo.*
o. *Los ejercicios _ _ _ _ _ muy bien.*

Lösung 17: a. en una panadería b. en un hospital c. en casa d. en una relojería e. en una oficina f. en la calle g. en una carnicería h. en una zapatería i. en una librería j. en el ejército k. en el campo l. en una escuela m. en la floristería n. en una ópera o. en una peluquería

Lösung 16: a. es b. es c. son d. es e. está f. es g. está h. estamos i. es j. está k. es l. está m. está n. está o. están

17. ¿Dónde trabajan? Wo arbeiten diese Personen?

a. *un panadero* →
b. *una médica* →
c. *una ama de casa* →
d. *un relojero* →
e. *una secretaria* →
f. *un policía de tráfico* →
g. *un carnicero* →
h. *un zapatero* →
i. *un vendedor de libros* →
j. *un soldado* →
k. *un campesino* →
l. *una maestra* →
m. *una florista* →
n. *una cantante de ópera* →
o. *una peluquera* →

18. FRIO Y CALOR Verbinden Sie die zusammengehörigen Gegenteile!

a. verano	mentira
b. día	sentado
c. verdad	construir
d. derecha	invierno
e. de pie	morir
f. simpático	hablar
g. agradable	noche
h. despierto	nada
i. siempre	dormido
j. algo	desagradable
k. triste	acostarse
l. nacer	nunca
m. destruir	izquierda
n. levantarse	antipático
o. callarse	alegre

Lösung 19: a. buenos b. mujeres c. franceses d. estudiantes e. cuántos f. grises g. verdes h. turistas i. africanos j. bares k. jóvenes l. nuestros m. cuántas n. habitaciones o. marrones

Lösung 18: a. verano & invierno b. día & noche c. verdad & mentira d. derecha & izquierda e. de pie & sentado f. simpático & antipático g. agradable & desagradable h. despierto & dormido i. siempre & nunca j. algo & nada k. triste & alegre l. nacer & morir m. destruir & construir n. levantarse & acostarse o. callarse & hablar

19. ¿-S, -ES, -AS, -OS? Tragen Sie die richtige Pluralform ein!

a. *¡Buen _ _ _ días, señora López!*
b. *Las mujer _ _ _ son más inteligentes que los hombres.*
c. *Los frances _ _ _ beben más vino que cerveza.*
d. *Las estudiante _ _ _ de español son agradables.*
e. *¿Cuánt _ _ _ problemas tiene usted hoy?*
f. *Los gatos gris _ _ _ son de Salamanca.*
g. *Las naranjas están verd _ _ _.*
h. *Los turist _ _ _ alemanes hablan también español.*
i. *En el circo hay elefantes african _ _ _.*
j. *Los bar _ _ _ españoles son sucios.*
k. *Las chicas jóven _ _ _ son alegres.*
l. *Nuestr _ _ _ padres están en la cocina.*
m. *¿Cuánt _ _ _ personas hay en la clase?*
n. *En mis habitacion _ _ _ hay ventanas grandes.*
o. *Las mesas marron _ _ _ son de los alumnos.*

20. ¡BÚSCAME! Welches Wort passt nicht zu den anderen?

a. *isla, continente, península, ciudad*

b. *francos, marcos, libras, céntimos*

c. *panadero, taxista, jubilado, dentista*

d. *puerta, baño, ventana, pared*

e. *carta, ordenador, móvil, impresora*

f. *hotel, pensión, edificio, hostal*

g. *paseo, terraza, carretera, patio*

h. *recepción, piso, ascensor, llave*

i. *estación, aparcamiento, aeropuerto, tienda*

j. *desayuno, bocadillo, almuerzo, cena*

k. *factura, cuenta, cambio, recibo*

l. *pijama, arena, sombrilla, toalla*

m. *mochila, botas, estantería, paraguas*

n. *tienda, monedas, estanco, gasolinera*

o. *zapatillas, sandalias, calcetines, zapatos*

Lösung 21: a. la vaca & leche fresca b. el toro & corrida c. la oveja & lana d. el escorpión & veneno e. la gaviota & mar f. el mono & origen humano g. el caballo & vaqueros h. el perro & buen amigo i. la abeja & miel j. la rana & humedad k. el canario & amarillo l. el loro & repetir m. la tortuga & tranquilidad n. la hormiga & trabajadora o. la gallina & huevo

Lösung 20: a. ciudad b. céntimos c. jubilado d. baño e. carta f. edificio g. carretera h. llave i. tienda j. bocadillo k. cambio l. pijama m. estantería n. monedas o. calcetines

21. ¡Parejas de ideas! Welche Ausdrücke passen zu welchen Tieren?

a. *La vaca*	___ *lana*
b. *El toro*	___ *mar*
c. *La oveja*	___ *miel*
d. *El escorpión*	___ *trabajadora*
e. *La gaviota*	___ *buen amigo*
f. *El mono*	___ *humedad*
g. *El caballo*	___ *amarillo*
h. *El perro*	___ *leche fresca*
i. *La abeja*	___ *veneno*
j. *La rana*	___ *repetir*
k. *El canario*	___ *corrida*
l. *El loro*	___ *huevo*
m. *La tortuga*	___ *vaqueros*
n. *La hormiga*	___ *origen humano*
o. *La gallina*	___ *tranquilidad*

22. ALGUN(-O, -A), ALGUIEN, NINGUN(-O, -A), NADIE Tragen Sie das richtige Wort ein!

a. ¿Hay _________ persona en la playa?
b. No, no hay _________ persona. Es temprano.
c. ¿Desea _________ un poco más de café?
d. No, _________ desea más café.
e. ¿Hay _________ hombre en la clase de español?
f. No, no hay _________. Todas son mujeres.
g. En el supermercado no trabaja _________ hombre.
h. Pero en el banco no trabaja _________ mujer.
i. Normalmente _________ duerme la siesta en Alemania.
j. ¿Tienes _________ libro de Juan Rulfo?
k. Sí, claro. Tengo _________ en mi dormitorio.
l. Yo no tengo _________ novela de escritoras americanas.
m. _________ día yo voy a hablar francés.
n. Tengo muchos discos, ¿quieres _________?
o. No gracias, no quiero _________.

Lösung 23: a. Los libros no están sobre la mesa. b. Hoy es el tres de octubre. c. Los Alpes son grandes montañas suizas. d. María almuerza a las doce y cena a las ocho. e. Mi clase de español es siempre agradable. f. La República Alemana tiene dieciséis estados. g. Las playas españolas no están limpias.

Lösung 22: a. alguna b. ninguna c. alguien d. nadie e. algún f. ninguno g. ningún h. ninguna i. nadie j. algún k. alguno l. ninguna m. algún n. alguno o. ninguno

23. ¡Desorden! Bilden Sie mit den folgenden Wörtern richtige Sätze!

a. la | libros | mesa | no | Los | están | sobre

b. es | octubre | Hoy | tres | el | de

c. Alpes | suizas | Los | montañas | son | grandes

d. a | cena | a | María | almuerza | las | ocho | y | las | doce

e. clase | de | español | siempre | es | Mi | agradable

f. Alemana | La | República | dieciséis | tiene | estados

g. limpias | playas | están | Las | españolas | no

24. ¡SOMOS COMPAÑERAS! Welche Wörter gehören zusammen?

a. *libros*	*energía*
b. *coche*	*ojos*
c. *cabeza*	*infantil*
d. *gafas*	*quemar*
e. *electricidad*	*doce*
f. *lámpara*	*rueda*
g. *niño*	*tierra*
h. *instrumento*	*luz*
i. *fuego*	*estantería*
j. *calendario*	*sombrero*
k. *familia*	*mujer*
l. *suelo*	*patio*
m. *chica*	*año*
n. *jardín*	*aparato*
o. *docena*	*hermanos*

Lösung 25: a. cuántos b. dónde c. qué d. quién e. cuántas f. cuándo g. cómo h. de dónde i. por qué j. cuánto k. cuándo l. quién m. cuánta n. cómo o. qué

Lösung 24: a. libros & estantería b. coche & rueda c. cabeza & sombrero d. gafas & ojos e. electricidad & energía f. lámpara & luz g. niño & infantil h. instrumento & aparato i. fuego & quemar j. calendario & año k. familia & hermanos l. suelo & tierra m. chica & mujer n. jardín & patio o. docena & doce

25. ¡PARA PREGUNTAR! Welches Fragewort gehört in die Lücke?

a. ¿_ _ _ _ _ _ _ _ _ *años tiene usted?*
b. ¿_ _ _ _ _ _ _ _ _ *vive María?*
c. ¿_ _ _ _ _ _ _ _ _ *hora es?*
d. ¿_ _ _ _ _ _ _ _ _ *es el presidente de España?*
e. ¿_ _ _ _ _ _ _ _ _ *mujeres son rubias?*
f. ¿_ _ _ _ _ _ _ _ _ *viene Isabel a mi casa?*
g. ¿_ _ _ _ _ _ _ _ _ *te llamas?*
h. ¿_ _ _ _ _ _ _ _ _ *es Felipe, de Sevilla?*
i. ¿_ _ _ _ _ _ _ _ _ *es el euro una moneda fuerte?*
j. ¿_ _ _ _ _ _ _ _ _ *dinero ganan los políticos?*
k. ¿_ _ _ _ _ _ _ _ _ *son las vacaciones?*
l. ¿_ _ _ _ _ _ _ _ _ *habla francés en tu clase?*
m. ¿_ _ _ _ _ _ _ _ _ *leche hay en la nevera?*
n. ¿_ _ _ _ _ _ _ _ _ *se dice nevera en alemán?*
o. ¿_ _ _ _ _ _ _ _ _ *cantante te gusta más?*

26. BUEN, BUENO Y BIEN Welches Wort gehört in die Lücke?

a. *Antonio es un ________ chico.*
b. *Matilde habla ________ inglés.*
c. *Carmen no está enferma, está ________.*
d. *Dolores tiene una ________ habitación.*
e. *Sandra tiene un hermano ________.*
f. *Raúl es un ________ hombre.*
g. *La ________ paella está en Valencia.*
h. *Teresa trabaja ________ en la oficina.*
i. *Cristina hace una ________ sopa.*
j. *Carola desayuna siempre un ________ café con leche.*
k. *Begoña puede cantar muy ________.*
l. *¡Camarero! Este café no está ________.*
m. *Muy ________, señor. ¿Quiere otro café?*
n. *El ________ libro no es caro.*
o. *La cebolla no es ________ para los ojos.*

Lösung 27: a. para b. por c. por d. por e. para f. para g. por h. por i. para j. por k. para l. por m. para n. por o. para

Lösung 26: a. buen b. bien c. buena d. buena e. bueno f. buen g. buena h. bien i. buena j. buen k. bien l. bueno m. bien n. buen o. buena

27. ¡VIVAN LAS PREPOSICIONES! POR Y PARA Welche Präposition passt zu welchem Satz?

a. *Mañana voy en coche _ _ _ _ _ _ _ _ Granada.*
b. *_ _ _ _ _ _ _ _ la noche estudio en mi habitación.*
c. *¡ _ _ _ _ _ _ _ _ favor! ¿Dónde hay un mercado?*
d. *_ _ _ _ _ _ _ _ aquí no hay mercados.*
e. *La madre compra una camisa _ _ _ _ _ _ _ _ el niño.*
f. *Es importante hablar lenguas _ _ _ _ _ _ _ _ comunicarse en el extranjero.*
g. *Ramón duerme la siesta _ _ _ _ _ _ _ _ la tarde.*
h. *¿Este tren pasa _ _ _ _ _ _ _ _ Córdoba?*
i. *No. Este tren va _ _ _ _ _ _ _ _ Alicante.*
j. *¿ _ _ _ _ _ _ _ _ qué no visitas La Gomera?*
k. *Yo nunca tengo tiempo _ _ _ _ _ _ _ _ visitar La Gomera.*
l. *Mañana _ _ _ _ _ _ _ _ la mañana voy a Jerez.*
m. *Estas manzanas son _ _ _ _ _ _ _ _ mí.*
n. *Hay unos niños _ _ _ _ _ _ _ _ la calle.*
o. *Tengo un bolso _ _ _ _ _ _ _ _ ir de compras el fin de semana.*

28. En el mercado Füllen Sie die Lücke mit dem passenden Wort.

a. *¿Tiene usted ______ nuevas?*

1. ◯ *leche*
2. ◯ *plátanos*
3. ◯ *patatas*

b. *¿A cuánto están los ______ hoy?*

1. ◯ *naranjas*
2. ◯ *huevos*
3. ◯ *pimiento*

c. *Quisiera medio kilo de ______.*

1. ◯ *aceite*
2. ◯ *ajos*
3. ◯ *cebolla*

d. *¿Cuánto cuesta la ______?*

1. ◯ *pescado*
2. ◯ *carne*
3. ◯ *salchichas*

e. *Deseo un litro de ______.*

1. ◯ *sal*
2. ◯ *vinagre*
3. ◯ *uva*

f. *Necesito ______ fresca.*

1. ◯ *queso*
2. ◯ *verdura*
3. ◯ *cuenta*

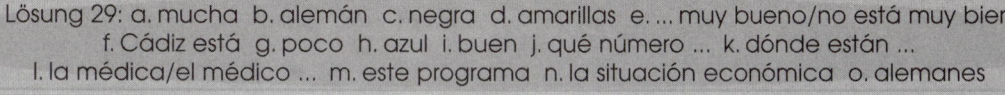

Lösung 29: a. mucha b. alemán c. negra d. amarillas e. ... muy bueno/no está muy bien f. Cádiz está g. poco h. azul i. buen j. qué número ... k. dónde están ... l. la médica/el médico ... m. este programa n. la situación económica o. alemanes

Lösung 28: a. 3 b. 2 c. 2 d. 2 e. 2 f. 2

29. ¡Busque la falta! Finden Sie den Fehler in den folgenden Sätzen!

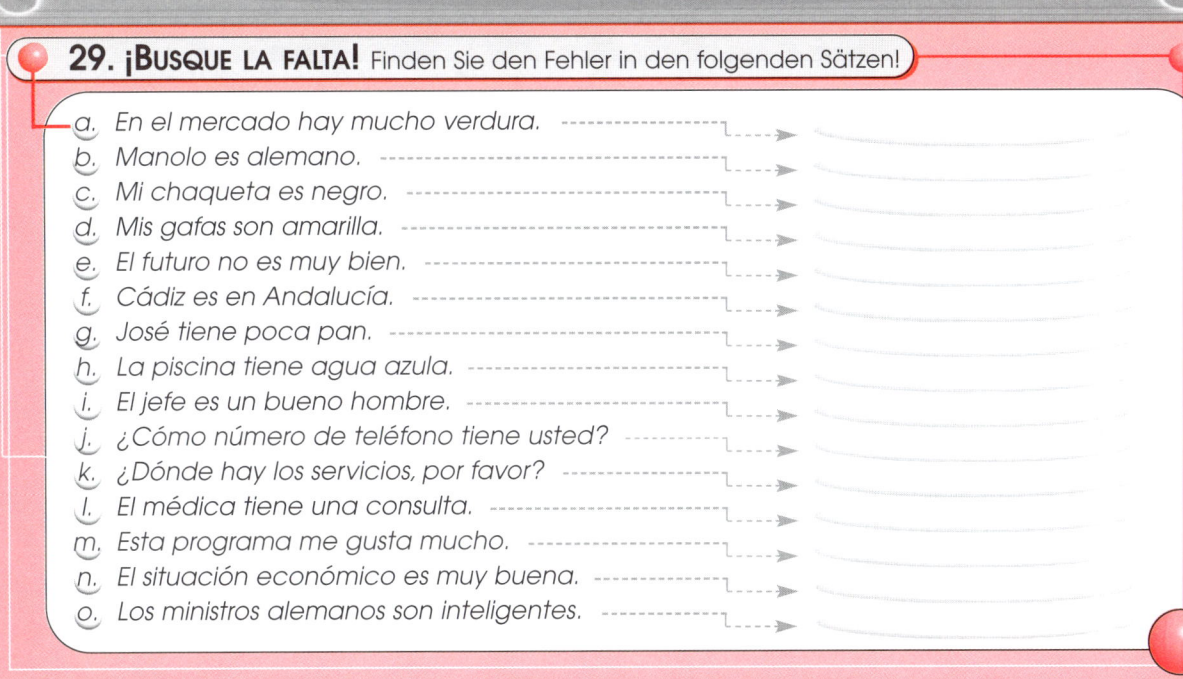

a. *En el mercado hay mucho verdura.*

b. *Manolo es alemano.*

c. *Mi chaqueta es negro.*

d. *Mis gafas son amarilla.*

e. *El futuro no es muy bien.*

f. *Cádiz es en Andalucía.*

g. *José tiene poca pan.*

h. *La piscina tiene agua azula.*

i. *El jefe es un bueno hombre.*

j. *¿Cómo número de teléfono tiene usted?*

k. *¿Dónde hay los servicios, por favor?*

l. *El médica tiene una consulta.*

m. *Esta programa me gusta mucho.*

n. *El situación económico es muy buena.*

o. *Los ministros alemanos son inteligentes.*

30. Oscuro y claro

Verbinden Sie die zusammengehörigen Gegenteile!

a. arriba	sin
b. dentro	lejos
c. detrás	en paro
d. sobre	delgado
e. cerca	soltero
f. con	vago
g. aquí	pérdida
h. casado	seco
i. con trabajo	abajo
j. gordo	delante
k. trabajador	aburrimiento
l. gasto	allí
m. ganancia	fuera
n. diversión	debajo
o. húmedo	ahorro

Lösung 31: a. chófer b. enfermedad c. información d. tarea e. transporte f. deporte g. semana h. sed i. billete j. llave k. barrio l. raqueta m. hambre n. tarjeta o. sucursal

Lösung 30: a. arriba & abajo b. dentro & fuera c. detrás & delante d. sobre & debajo e. cerca & lejos f. con & sin g. aquí & allí h. casado & soltero i. con trabajo & en paro j. gordo & delgado k. trabajador & vago l. gasto & ahorro m. ganancia & pérdida n. diversión & aburrimiento o. húmedo & seco

31. ¡COMPLÉTAME! Welches Wort gehört in die Lücke?

a. *El _ _ _ _ _ _ _ _ del autobús se llama Eduardo.*	**raqueta**
b. *Esta _ _ _ _ _ _ _ _ no es peligrosa.*	**tarea**
c. *La _ _ _ _ _ _ _ _ de los periódicos no es muy actual.*	**deporte**
d. *La _ _ _ _ _ _ _ _ no es muy difícil.*	**billete**
e. *El _ _ _ _ _ _ _ _ público es esencial en la ciudad.*	**sed**
f. *En las montañas también se hace _ _ _ _ _ _ _ _.*	**chófer**
g. *La _ _ _ _ _ _ _ _ tiene siete días.*	**llave**
h. *Necesito agua porque tengo _ _ _ _ _ _ _ _.*	**sucursal**
i. *¿Cuánto cuesta un _ _ _ _ _ _ _ _ de ida y vuelta?*	**barrio**
j. *En la recepción entregamos la _ _ _ _ _ _ _ _.*	**tarjeta**
k. *Mi hotel está en un _ _ _ _ _ _ _ _ bonito.*	**semana**
l. *Su _ _ _ _ _ _ _ _ de tenis está rota.*	**enfermedad**
m. *Quiero comer algo porque tengo _ _ _ _ _ _ _ _.*	**información**
n. *Nuestra _ _ _ _ _ _ _ _ de crédito está caducada.*	**hambre**
o. *El banco central tiene una _ _ _ _ _ _ _ _ en mi ciudad.*	**transporte**

32. ¡SOMOS CASI IGUALES! Welche Synonyme bilden ein Paar?

a. _____ albergue

1. ○ quiosco
2. ○ refugio
3. ○ estanco

b. _____ evidente

1. ○ estupendo
2. ○ posible
3. ○ claro

c. _____ terminar

1. ○ completar
2. ○ acabar
3. ○ alcanzar

d. _____ piso

1. ○ vivienda
2. ○ local
3. ○ habitación

e. _____ maravilloso

1. ○ asombroso
2. ○ estupendo
3. ○ fatal

f. _____ devolver

1. ○ entregar
2. ○ envolver
3. ○ encontrar

Lösung 33: a. reírse b. descansar c. saludar d. devolver e. poder f. vestir g. discutir
h. despedirse i. aparcar j. romper k. invitar l. seguir m. esperar n. conocer o. aburrirse

Lösung 32: a. 2 b. 3 c. 2 d. 1 e. 2 f. 1

33. ¡BÚSCAME! Welches Verb passt nicht zu den anderen?

a. *despertarse, levantarse, reírse, ducharse*

b. *desayunar, almorzar, descansar, cenar*

c. *preguntar, responder, saludar, argumentar*

d. *devolver, limpiar, lavar, planchar*

e. *estudiar, aprender, pensar, poder*

f. *lavar, vestir, secar, peinar*

g. *comprar, discutir, vender, pagar*

h. *reír, sonreír, enfadarse, despedirse*

i. *pasear, aparcar, nadar, jugar*

j. *recibir, romper, dar, entregar*

k. *escribir, invitar, leer, anotar*

l. *llevar, seguir, traer, enviar*

m. *conversar, esperar, dialogar, hablar*

n. *subir, bajar, volver, conocer*

o. *divertirse, alegrarse, aburrirse, relajarse*

34. ¡Vivan las Preposiciones! Welche Präposition ist die richtige?

a. *María va ... la calle.* — en, de, por, sin
b. *Yo no soy suizo, soy ... Canarias.* — a, para, de, en
c. *Las manzanas están ... la mesa.* — contra, desde, sobre, con
d. *¡Toma! Este regalo es ... ti.* — por, de, para, a
e. *Aprendo español ... el año pasado.* — de, hasta, desde, tras
f. *... la casa y el jardín hay un río.* — bajo, hacia, entre, tras
g. *Los lunes ... la noche tengo clase.* — en, a, por, de
h. *Natalie va a Bonn ... trabajar.* — hacia, en, para, según
i. *Natalie va ahora ... Bonn.* — hacia, en, para, según
j. *La excursión es ... la semana.* — de, ante, durante, para
k. *Estoy sentado ... la silla.* — debajo de, entre, en, a
l. *Mi abrigo es ... lana.* — sobre, en, de, detrás de
m. *El accidente es ... mi casa.* — de, a, hacia, delante de
n. *Hoy la peseta está ... 1,17 DM.* — para, ante, a, con
o. *... 18 años somos adultos.* — por, después de, con, sin

Lösung 35: a. más que b. más de c. más que d. menos/más de e. más/menos de f. menos que g. más/menos que h. más de i. más que j. menos que k. menos de l. más/menos que m. más de n. más que o. más que

Lösung 34: a. por b. de c. sobre d. para e. desde f. entre g. por h. para i. hacia/para j. durante k. en l. de m. delante de n. a o. con

35. Más que, menos que; más de, menos de Wie lautet die richtige Form?

a. *Las naranjas cuestan _ _ _ _ _ _ _ _ los plátanos.*
b. *En Alemania viven _ _ _ _ _ _ _ _ ochenta millones de personas.*
c. *El sol calienta _ _ _ _ _ _ _ _ la luna.*
d. *Alicia tiene _ _ _ _ _ _ _ _ veinte años.*
e. *Los niños gastan _ _ _ _ _ _ _ _ mil pesetas a la semana.*
f. *Las bicicletas corren _ _ _ _ _ _ _ _ los coches.*
g. *Un viaje a Argentina cuesta _ _ _ _ _ _ _ _ uno a Bolivia.*
h. *En Paraguay se habla _ _ _ _ _ _ _ _ una lengua.*
i. *Un político trabaja _ _ _ _ _ _ _ _ un dentista.*
j. *Pero un político gana _ _ _ _ _ _ _ _ un dentista.*
k. *En España hay _ _ _ _ _ _ _ _ cuarenta millones de habitantes.*
l. *Ana habla _ _ _ _ _ _ _ _ tú.*
m. *Este libro contiene _ _ _ _ _ _ _ _ ciento treinta ejercicios.*
n. *Los niños duermen _ _ _ _ _ _ _ _ los adultos.*
o. *Los periódicos informan _ _ _ _ _ _ _ _ la televisión.*

36. GEOGRAFÍA Wie lautet die dazugehörige Hauptstadt?

a. *Luis y Luisa son dos argentinos simpáticos.*
b. *Viviana y Paca son estudiantes bolivianas.*
c. *Julio y Paloma son chicos guatemaltecos.*
d. *El chileno Marcelo Ríos juega al tenis.*
e. *Pancho Villa es un mexicano famoso.*
f. *Los panameños tienen un canal muy bonito.*
g. *Los cubanos Silvio y Pablo son cantantes.*
h. *Yolanda es una señora peruana.*
i. *La amiga de Yolanda es colombiana.*
j. *Sergio vive en un pueblo nicaragüense.*
k. *Los venezolanos Arturo y Sebastián hablan ruso.*
l. *Margarita es paraguaya.*
m. *Los amigos de Margarita son ecuatorianos.*
n. *Los estudiantes alemanes Heide y Jens viajan a Perú.*
o. *Los españoles Elena y Ricardo viven en las Canarias.*

Lösung 37: a. 3 b. 2 c. 3 d. 3 e. 2 f. 3

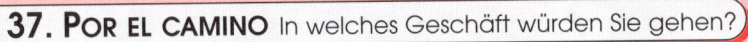

Lösung 36: a. Buenos Aires b. La Paz c. Guatemala d. Santiago e. México f. Panamá g. Habana h. Lima i. Bogotá j. Managua k. Caracas l. Asunción m. Quito n. Berlín o. Madrid

37. Por el camino In welches Geschäft würden Sie gehen?

a. *Para comprar un sello para una postal.*

1. una tintorería
2. una librería
3. un estanco

b. *El coche no funciona.*

1. una gasolinera
2. un taller
3. una autoescuela

c. *Tiene dolor de cabeza y no puede dormir.*

1. una carpintería
2. una papelería
3. una farmacia

d. *Necesita botas nuevas.*

1. una perfumería
2. una lavandería
3. una zapatería

e. *Quiere comprar unas gafas.*

1. una relojería
2. una óptica
3. una ferretería

f. *Desea comer unos pasteles.*

1. mercería
2. floristería
3. confitería

38. ¡BÚSCAME! Welches Wort passt nicht zu den anderen?

a. *panadería, ferretería, carnicería, pastelería*

b. *coche, autobús, metro, estación*

c. *carta, sobre, fax, telegrama*

d. *bolsillo, maleta, bolsa, bolso*

e. *empresa, sucursal, departamento, filial*

f. *joven, adulto, soltero, actitud*

g. *ascensor, alquiler, abrigo, vivienda*

h. *acción, caja de ahorros, bono, fondo*

i. *ruido, silencio, calma, rueda*

j. *semáforo, lago, calzada, velocidad*

k. *nombre, apellidos, hombre, nacionalidad*

l. *comisaría, guardia, policía, político*

m. *testigo, pruebas, fotos, sueño*

n. *abogado, defensor, amigos, juez*

o. *cárcel, libertad, paz, tranquilidad*

Lösung 39: a. sino b. sino c. pero d. pero e. sino f. sino g. pero h. sino i. pero j. sino k. pero l. sino m. pero n. pero o. pero

Lösung 38: a. ferretería b. estación c. sobre d. bolsillo e. departamento f. actitud g. abrigo h. caja de ahorros i. rueda j. lago k. hombre l. político m. sueño n. amigos o. cárcel

39. Pero y sino Tragen Sie die richtige Konjunktion ein!

a. *Yo no hablo portugués, _ _ _ _ _ _ español.*
b. *Esta persona no es María, _ _ _ _ _ _ Luisa.*
c. *Toledo está en el centro de España, _ _ _ _ _ _ Huelva no.*
d. *Los españoles no hablan portugués, _ _ _ _ _ _ entienden a los portugueses.*
e. *El invierno no es caluroso, _ _ _ _ _ _ frío.*
f. *Un ordenador no es un televisor, _ _ _ _ _ _ algo más.*
g. *Las tiendas en España abren a las diez, _ _ _ _ _ _ cierran a las ocho.*
h. *La gramática no es fácil, _ _ _ _ _ _ difícil.*
i. *La historia europea es compleja, _ _ _ _ _ _ interesante.*
j. *Javier no es catalán, _ _ _ _ _ _ andaluz.*
k. *Suiza tiene los Alpes, _ _ _ _ _ _ España la Sierra Nevada.*
l. *Jorge no es un chico tonto, _ _ _ _ _ _ muy inteligente.*
m. *Los trenes españoles no son rápidos, _ _ _ _ _ _ seguros.*
n. *El Mar Mediterráneo no está limpio, _ _ _ _ _ _ es bonito.*
o. *El café no es bueno para el cuerpo, _ _ _ _ _ _ me gusta.*

40. ¡CAMARERO, VENGA! Wie fragt man im Restaurant?

a. *Usted quiere llamar al camarero.*

1. ◯ *Oiga, venga.*
2. ◯ *¿Cuándo viene?*
3. ◯ *Oiga, por favor.*

b. *Desea una cerveza más.*

1. ◯ *Una cerveza más.*
2. ◯ *Quiero una cerveza.*
3. ◯ *¿Me trae otra cerveza?*

c. *Después de comer, pide el postre.*

1. ◯ *Tráigame el postre.*
2. ◯ *De postre prefiero un flan.*
3. ◯ *¿Hay postre?*

d. *Tras la comida, usted quiere pagar.*

1. ◯ *Oiga, ¿cuánto es?*
2. ◯ *¿Se cobra?*
3. ◯ *La cuenta, cuando pueda.*

e. *Antes de salir, quiere lavarse las manos.*

1. ◯ *¿El servicio, por favor?*
2. ◯ *Necesito un lavabo.*
3. ◯ *¿Dónde están los servicios?*

f. *Al salir, se despide.*

1. ◯ *Adiós, hasta luego.*
2. ◯ *Buenas.*
3. ◯ *Hasta la vista.*

Lösung 41: a. la cabeza b. la boca c. los dedos d. las piernas e. los pies f. el cuello g. las orejas h. estómago i. muelas j. los ojos k. dedos l. el pelo m. los brazos n. la nariz o. los labios

Lösung 40: a. 3 b. 3 c. 2 d. 3 e. 3 f. 1

41. ¡COMPLÉTAME! Welches Wort gehört in die Lücke?

a. *Un sombrero es para ______.*
b. *Con ______ podemos hablar.*
c. *Para escribir el bolígrafo está entre ______.*
d. *Los pantalones son para ______.*
e. *Cuando jugamos al fútbol usamos ______.*
f. *En ______ llevo una bufanda.*
g. *Por ______ podemos oír.*
h. *La comida pasa por la boca y llega al ______.*
i. *Vamos al dentista si tenemos dolor de ______.*
j. *Cuando dormimos cerramos ______.*
k. *En los pies y las manos tenemos ______.*
l. *Los españoles tienen ______ moreno.*
m. *Para nadar movemos ______.*
n. *Entre los ojos y la boca está ______.*
o. *Las mujeres se pintan ______.*

los labios
dedos
los brazos
la cabeza
muelas
la boca
los ojos
las piernas
los dedos
el cuello
estómago
las orejas
los pies
la nariz
el pelo

42. Nacionalidades

Bilden Sie die männlichen und weiblichen Adjektive der einzelnen Länder!

a. Alemania tiene paisajes bonitos. → ______

b. Francia es el país de los quesos. → ______

c. Holanda es famosa por las bicicletas. → ______

d. En Bélgica hay buen chocolate. → ______

e. En Suecia hace mucho frío. → ______

f. Inglaterra está en una isla. → ______

g. Las playas de Dinamarca son largas. → ______

h. Portugal está al oeste de la Península Ibérica. → ______

i. Luxemburgo es un país pequeño. → ______

j. Austria está entre montañas. → ______

k. La pizza es típica de Italia. → ______

l. Irlanda es el país verde. → ______

m. La costa de Grecia es hermosa. → ______

n. Turquía es el país más grande de Europa. → ______

o. Noruega está cerca del Polo Norte. → ______

Lösung 43: a. El tren sale a las diez. b. De Múnich a Colonia hay 578 kilómetros. c. Las Islas Canarias son siete islas. d. Suramérica tiene más de cuatro estados. e. Galicia está al norte de España. f. Entre Alemania y Suiza está el Lago Constanza. g. En otoño podemos comprar buenas naranjas.

Lösung 42: a. alemán/alemana b. francés/francesa c. holandés/holandesa d. belga/belga e. sueco/sueca f. inglés/inglesa g. danés/danesa h. portugués/portuguesa i. luxemburgués/luxemburguesa j. austriaco/austriaca k. italiano/italiana l. irlandés/irlandesa m. griego/griega n. turco/turca o. noruego/noruega

43. ¡DESORDEN! Bilden Sie mit den folgenden Wörtern richtige Sätze!

a. diez | las | sale | a | tren | El

b. Múnich | 578 | kilómetros | hay | De | Colonia | a

c. Canarias | Islas | son | islas | siete | Las

d. Suramérica | más | de | estados | tiene | cuatro

e. al | norte | está | Galicia | de | España

f. Suiza | Entre | Alemania | y | el | Lago | Constanza | está

g. En | otoño | comprar | podemos | naranjas | buenas

44. De pie y sentado

Verbinden Sie die zusammengehörigen Gegenteile!

a. concreto	débil
b. amigo	sincero
c. recuerdo	rincón
d. mayoría	despreciable
e. rápido	enemigo
f. esquina	llanto
g. admirable	minoría
h. risa	abstracto
i. enfermo	sano
j. seco	olvido
k. falso	mojado
l. verdad	lento
m. fin	diferente
n. fuerte	mentira
o. igual	comienzo

Lösung 45: a. 2 b. 2, 3 c. 2 d. 3 e. 3 f. 2

Lösung 44: a. concreto & abstracto b. amigo & enemigo c. recuerdo & olvido d. mayoría & minoría e. rápido & lento f. esquina & rincón g. admirable & despreciable h. risa & llanto i. enferno & sano j. seco & mojado k. falso & sincero l. verdad & mentira m. fin & comienzo n. fuerte & débil o. igual & diferente

45. ¡Hacer la compra! Wie fragt man in einem spanischen Supermarkt?

a. *Usted quiere comprar una botella de vino.*

1. ◯ *¿Dónde hay vino?*
2. ◯ *¿Dónde están los vinos?*
3. ◯ *¿Dónde es el vino?*

b. *Usted quiere medio kilo de queso.*

1. ◯ *Deseo 500 gramos de queso.*
2. ◯ *Déme medio kilo de queso.*
3. ◯ *Quisiera medio kilo de queso.*

c. *Usted pregunta por las ofertas.*

1. ◯ *¿Dónde están las ofertas?*
2. ◯ *¿Tienen ustedes ofertas?*
3. ◯ *¿Quisiera las ofertas?*

d. *Usted busca comida para gatos.*

1. ◯ *¿Dónde está la sección para gatos?*
2. ◯ *¿Dónde busco comida para gatos?*
3. ◯ *¿Dónde encuentro comida para gatos?*

e. *Usted desea pagar la compra.*

1. ◯ *¿Dónde puedo pagar?*
2. ◯ *¿Dónde está la salida?*
3. ◯ *¿Dónde está la caja?*

f. *En la caja, usted paga con tarjeta.*

1. ◯ *No tengo dinero.*
2. ◯ *¿Aceptan tarjeta?*
3. ◯ *Tengo Eurocard.*

46. ¡COMPLÉTAME! Verbinden Sie die passenden Satzteile!

a. *Los libros de Goytisolo*	1. *podemos ver las carreteras de un país.*
b. *En la televisión alemana*	2. *pone el precio de los productos.*
c. *Para conocer la actualidad*	3. *los libros cuestan más.*
d. *Cuando escucho la radio*	4. *trabajan periodistas.*
e. *Una agencia de información*	5. *compro un periódico cada día.*
f. *Con la llegada del euro*	6. *leemos el significado de las palabras.*
g. *En los prospectos de publicidad*	7. *informan de la vida de los famosos.*
h. *En la redacción de un periódico*	8. *contienen números de muchas personas.*
i. *Los medios de comunicación modernos*	9. *hay muy buenos programas.*
j. *Las revistas del corazón*	10. *lo podemos comprar una vez a la semana.*
k. *En los diccionarios*	11. *son muy interesantes.*
l. *Las guías de teléfonos*	12. *me informo de muchas cosas.*
m. *Un semanario*	13. *trabaja con ordenadores.*
n. *Los domingos en los periódicos hay*	14. *utilizan también los satélites.*
o. *En los mapas*	15. *un suplemento.*

Lösung 47: a. despertado b. desayunado c. ido d. comprado e. tomado f. llegado g. sentado h. leído i. almorzado j. visto/mirado k. visitado l. jugado m. bebido n. salido o. vuelto

Lösung 46: a. 11 b. 9 c. 5 d. 12 e. 13 f. 3 g. 2 h. 4 i. 14 j. 7 k. 6 l. 8 m. 10 n. 15 o. 1

47. ¡ESTA MAÑANA! Tragen Sie die richtige Perfektform ein!

a.	*Hoy me he __________ a las siete.*	*(aufwachen)*
b.	*A las ocho he __________ en un bar.*	*(frühstücken)*
c.	*Después he __________ a un quiosco.*	*(gehen)*
d.	*En el quiosco he __________ unas revistas.*	*(kaufen)*
e.	*Después he __________ un taxi.*	*(nehmen)*
f.	*He __________ a un parque a las nueve.*	*(ankommen)*
g.	*Me he __________ en un banco al sol.*	*(sich setzen)*
h.	*He __________ las revistas hasta el mediodía.*	*(lesen)*
i.	*A la una he __________ en un restaurante.*	*(zu Mittag essen)*
j.	*Entre la una y media y las dos he __________ tele.*	*(angucken)*
k.	*De dos a dos y media he __________ un museo.*	*(besuchen)*
l.	*Después del museo he __________ al dominó.*	*(spielen)*
m.	*A las tres he __________ un café en un bar.*	*(trinken)*
n.	*A las tres y cuarto he __________ del bar.*	*(hinausgehen)*
o.	*Y después he __________ al parque.*	*(zurückkehren)*

48. Bolso de mano Wie heißen die zusammengesetzten Ausdrücke?

a. máquina de	◯ de ida y vuelta
b. día de	◯ viento
c. Semana	◯ telefónica
d. reloj de	◯ baño
e. cabina	◯ fiesta
f. molino de	◯ escribir
g. sala de	◯ mesa
h. lámpara de	◯ arena
i. gafas de	◯ de mano
j. guardia	◯ civil
k. Noche	◯ Santa
l. billete	◯ Reyes
m. papel	◯ higiénico
n. bolso	◯ sol
o. Día de	◯ Vieja

Lösung 49: a. son románicas b. que las iglesias c. son católicos d. no es obligatoria e. trajes negros f. muy caras g. un tema h. El problema i. inglesa j. doscientas k. jóvenes l. mucho futuro m. están en las capitales n. muy agradable o. hay procesiones

Lösung 48: máquina de escribir b. día de fiesta c. Semana Santa d. reloj de arena e. cabina telefónica f. molino de viento g. sala de baño h. lámpara de mesa i. gafas de sol j. guardia civil k. Noche Vieja l. billete de ida y vuelta m. papel higiénico n. bolso de mano o. Día de Reyes .

49. ¡BUSQUE LA FALTA! Finden Sie den Fehler in den folgenden Sätzen!

a. *Las iglesias en España están románicas.* →

b. *Las catedrales son más grandes de las iglesias.* →

c. *La mayoría de los españoles están católicos.* →

d. *La clase de religión es no obligatoria en las escuelas.* →

e. *Los curas llevan trajes negres.* →

f. *Las llamadas telefónicas son muy caros.* →

g. *La sexualidad no es una tema tabú.* →

h. *La problema de Africa es el hambre.* →

i. *Gibraltar es una colonia inglés.* →

j. *En Lanzarote viven doscientas turistas ingleses.* →

k. *Los jóvenos no van a la iglesia.* →

l. *La religión en Brasil tiene muy futuro.* →

m. *Las catedrales son en las capitales.* →

n. *La música de las campanas es mucho agradable.* →

o. *En Semana Santa están procesiones en Andalucía.* →

50. DE PIES A CABEZA Welche Gegenstände gehören zu den jeweiligen Körperteilen?

a. *Los calcetines* → ______

b. *La bufanda* → ______

c. *El sombrero* → ______

d. *Las gafas* → ______

e. *Los auriculares de un walkman* → ______

f. *Los pantalones* → ______

g. *Los guantes* → ______

h. *El anillo* → ______

i. *El peine* → ______

j. *Jabón de afeitar* → ______

k. *El sujetador* → ______

l. *El chicle* → ______

m. *El cinto* → ______

n. *La mochila* → ______

o. *El cepillo de dientes* → ______

Lösung 51: a. 2, 3 b. 2 c. 2 d. 3 e. 1 f. 3

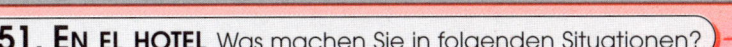

Lösung 50: a. los pies b. el cuello c. la cabeza d. los ojos e. las orejas f. las piernas g. las manos h. el dedo i. el pelo j. la cara k. el pecho de la mujer l. la boca m. la cintura n. la espalda o. los dientes

51. EN EL HOTEL Was machen Sie in folgenden Situationen?

a. *La habitación está sucia. Usted va a recepción.*

1. *No quiero la habitación.*
2. *Quisiera hacer una reclamación.*
3. *La habitación no está en condiciones.*

b. *Usted tiene dos maletas pesadas.*

1. *¿Puedo dejar una maleta aquí?*
2. *¿Me puede ayudar con las maletas?*
3. *¿Dónde hay un ayudante?*

c. *Usted es vegetariano y come en el hotel.*

1. *Yo no puedo comer carne.*
2. *¿Preparan ustedes comida vegetariana?*
3. *¿Quién es el cocinero en este hotel?*

d. *Usted tiene que levantarse a las siete.*

1. *¿Tiene un despertador?*
2. *¿Me levanta a las siete?*
3. *¿Me puede despertar a las siete?*

e. *Usted quiere lavar sus pantalones.*

1. *¿Tienen servicio de lavandería?*
2. *¿Hay una lavadora en el hotel?*
3. *¿Dónde puedo lavar mis pantalones?*

f. *Por la noche, usted necesita un taxi.*

1. *Un taxi, por favor.*
2. *¿Tienen ustedes taxis?*
3. *¿Me puede llamar un taxi?*

52. ¡SOMOS CASI IGUALES! Welche Synonyme bilden ein Paar?

a. el abrazo	___ el acuerdo
b. el contrato	___ la oficina
c. el obrero	___ la comida
d. la juerga	___ el propietario
e. el sitio	___ el oficio
f. burgués	___ la caricia
g. tonto	___ el culo
h. el alimento	___ la mentira
i. la protesta	___ el lugar
j. el trabajo	___ la diversión
k. el dueño	___ estúpido
l. el trasero	___ rico
m. la calumnia	___ el labrador
n. la consulta	___ el trabajador
o. el campesino	___ la reclamación

Lösung 53: a. bicicleta b. natación c. hípica d. esquí e. billar f. pelota g. turista h. juego i. partido j. crupié k. globo l. caballo m. circo n. sala o. nieve

Lösung 52: a. el brazo & la caricia b. el contrato & el acuerdo c. el obrero & el trabajador d. la juerga & la diversión e. el sitio & el lugar f. burgués & rico g. tonto & estúpido h. el alimento & la comida i. la protesta & la reclamación j. el trabajo & el oficio k. el dueño & el propietario l. el trasero & el culo m. la calumnia & la mentira n. la consulta & la oficina o. el campesino & el labrador

53. ¡BÚSCAME! Welches Wort passt nicht zu den anderen?

a. *barco, canoa, barca, bicicleta*

b. *tenis, natación, balonmano, fútbol*

c. *hípica, baile, gimnasia, ballet*

d. *esquí, hockey, baloncesto, béisbol*

e. *boxeo, billar, kárate, judo*

f. *piscina, pelota, campo, estadio*

g. *futbolista, tenista, turista, bailarín*

h. *ajedrez, dominó, parchís, juego*

i. *equipo, partido, jugador, público*

j. *ruleta, crupié, casino, caja*

k. *globo, avión, avioneta, helicóptero*

l. *coche, moto, yate, caballo*

m. *deporte, negocio, espectáculo, circo*

n. *agua, sala, aire, tierra*

o. *botas, nieve, esquíes, guantes*

54. SUSTANTIVO Y ADJETIVO Welches Adjektiv gehört zu welchem Substantiv?

a. *el bosque*	*rosado*
b. *el cielo*	*amarillo*
c. *la noche*	*azul*
d. *la nieve*	*gris*
e. *el canario*	*oscuro*
f. *el tomate*	*libre*
g. *el día*	*limpio*
h. *el elefante*	*verde*
i. *el aire*	*blando*
j. *el hielo*	*rojo*
k. *el domingo*	*fuerte*
l. *el desierto*	*frío*
m. *el vino*	*blanco*
n. *el caballo*	*claro*
o. *el pan*	*seco*

Lösung 55: a. hablando b. cantando c. leyendo d. comiendo e. llegando f. telefoneando/llamando por teléfono g. paseando h. pensando i. durmiendo, soñando j. yendo k. bebiendo l. saliendo m. desayunando n. preguntando o. subiendo

Lösung 54: a. el bosque & verde b. el cielo & azul c. la noche & oscuro d. la nieve & blanco e. el canario & amarillo f. el tomate & rojo g. el día & claro h. el elefante & gris i. el aire & limpio j. el hielo & frío k. el domingo & libre l. el desierto & seco m. el vino & rosado n. el caballo & fuerte o. el pan & blando

55. Estoy hablando Wie lautet das Gerundium der angegebenen Verben?

a. *Los niños están _________ .*	*(sprechen)*
b. *Los pájaros están _________ .*	*(singen)*
c. *El profesor está _________ .*	*(lesen)*
d. *El bebé está _________ .*	*(essen)*
e. *Los clientes están _________ .*	*(ankommen)*
f. *La directora está _________ .*	*(telefonieren)*
g. *Los estudiantes están _________ .*	*(spazieren gehen)*
h. *Vosotros estáis _________ .*	*(denken)*
i. *¿Estás _________ o _________ ?*	*(schlafen, träumen)*
j. *Ahora estamos _________ hacia León.*	*(gehen)*
k. *Los turistas están _________ agua mineral.*	*(trinken)*
l. *El tren está _________ para Murcia.*	*(abfahren)*
m. *A las ocho normalmente estoy _________ .*	*(frühstücken)*
n. *La policía siempre está _________ .*	*(fragen)*
o. *Los precios están _________ .*	*(steigen)*

56. ¡Desorden! Bilden Sie mit den folgenden Wörtern richtige Sätze!

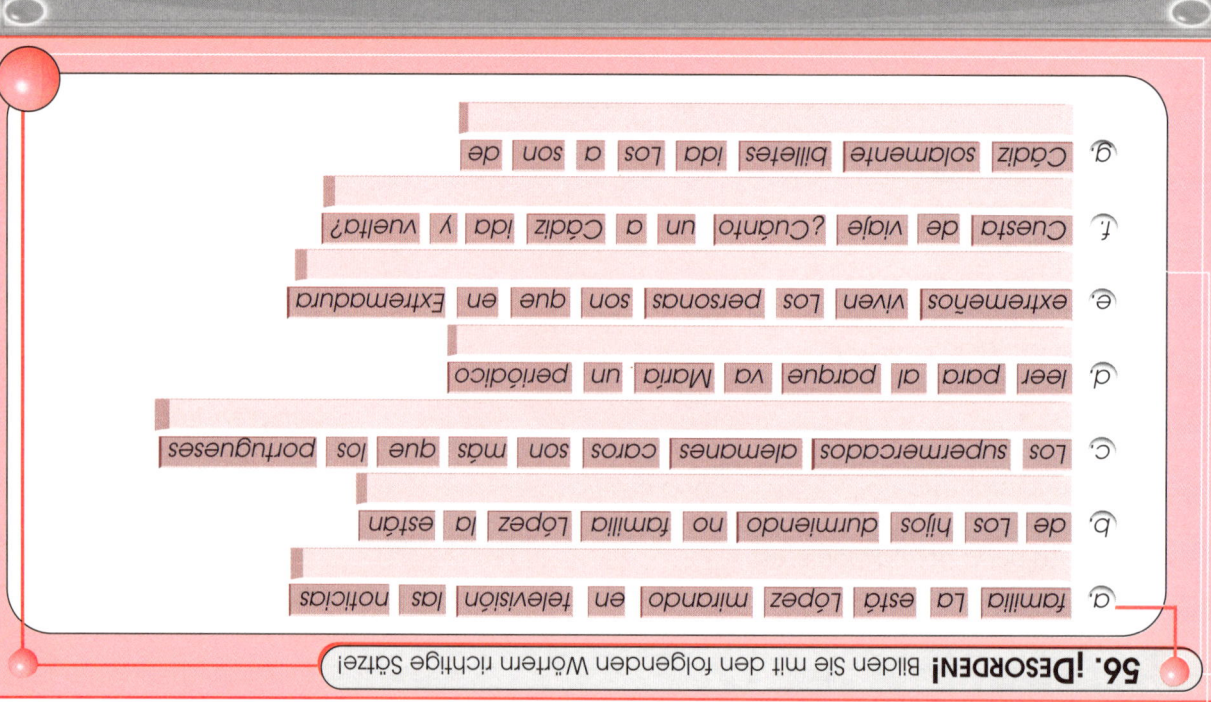

a. familia | La | está | López | mirando | en | televisión | las | noticias

b. de | Los | hijos | durmiendo | no | familia | López | la | están

c. Los | supermercados | alemanes | caros | son | más | que | los | portugueses

d. leer | para | al | parque | va | María | un | periódico

e. extremeños | viven | Los | personas | son | que | en | Extremadura

f. Cuesta | de | viaje | ¿Cuánto | un | a | Cádiz | ida | y | vuelta?

g. Cádiz | solamente | billetes | ida | Los | a | son | de

Lösung 57: a. están b. es c. son d. está e. están f. está g. es h. son i. está/ha estado j. es k. es l. están m. es n. están o. es

Lösung 56: a. La familia López está mirando las noticias en televisión. b. Los hijos de la familia López no están durmiendo. c. Los supermercados alemanes son más caros que los portugueses. d. María va al parque para leer un periódico. e. Los extremeños son personas que viven en Extremadura. f. ¿Cuánto cuesta un viaje de ida y vuelta a Cádiz? g. Los billetes a Cádiz son solamente de ida.

57. ¡SER Y ESTAR! Vervollständigen Sie die Sätze mit dem richtigen Verb!

a. *Los árboles de mi calle _ _ _ _ _ _ ya muy viejos.*
b. *Mi vecino normalmente _ _ _ _ _ _ una persona muy agradable.*
c. *Los perros de mi barrio _ _ _ _ _ _ muy agresivos.*
d. *¿A cuánto _ _ _ _ _ _ hoy el precio de las manzanas?*
e. *A cien pesetas el kilo; las manzanas _ _ _ _ _ _ hoy en oferta.*
f. *Antonia no puede venir a clase porque _ _ _ _ _ _ enferma.*
g. *Este coche _ _ _ _ _ _ nuevo. Lo he comprado esta mañana.*
h. *Los relojes españoles no _ _ _ _ _ _ de Suiza.*
i. *¿Cómo _ _ _ _ _ _ el agua esta mañana, fría o caliente?*
j. *El concierto del grupo de rock _ _ _ _ _ _ en la plaza de la iglesia.*
k. *No _ _ _ _ _ _ bueno criticar a personas sin conocerlas.*
l. *Los catalanes _ _ _ _ _ _ contentos con el sistema político actual.*
m. *La reunión de empresarios _ _ _ _ _ _ hoy en un bar.*
n. *Los trabajadores no _ _ _ _ _ _ satisfechos con el salario.*
o. *El sueldo de los empleados _ _ _ _ _ _ muy alto.*

58. ¡COMPLÉTAME! Ergänzen Sie die angefangenen Sätze!

a. *Luis está ahora en su oficina*

1. ◯ *llamando por teléfono.*
2. ◯ *escribe cartas normalmente.*
3. ◯ *hace café para su jefe.*

b. *Los turistas están en estos momentos en la playa*

1. ◯ *llegando de un largo viaje.*
2. ◯ *y toman el sol.*
3. ◯ *y la sombrilla es de color rojo.*

c. *Esta semana yo he*

1. ◯ *hablando todos los días con mi amiga.*
2. ◯ *estudio las lecciones para el examen.*
3. ◯ *hablado de mi profesión con mis amigos.*

d. *Las empresas en Galicia*

1. ◯ *son satisfechas con la ganancia.*
2. ◯ *paga buenos sueldos.*
3. ◯ *venden pescado a toda España.*

e. *Al mediodía el sol*

1. ◯ *calentando más que por la noche.*
2. ◯ *está agradable para la piel.*
3. ◯ *es peligroso para la salud.*

f. *¿Puede decirme dónde puedo*

1. ◯ *encontrar la oficina de correos?*
2. ◯ *ir a la oficina de correos?*
3. ◯ *ir a correos?*

Lösung 59: a. encima de la mesa b. dentro del archivo c. debajo de la tele d. junto a la mesa e. al lado de la iglesia f. a la derecha del plato g. a la izquierda del plato h. delante de la casa i. en la pared j. por la calle k. entre el cuerpo y la camisa l. lejos de la costam. m. cerca de las ovejas n. detrás de la barra o. enfrente de los alumnos

Lösung 58: a. 1 b. 2 c. 3 d. 3 e. 3 f. 1

59. Preposiciones Wo befinden sich folgende Gegenstände?

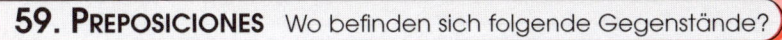

a. *el plato*	*delante de la casa*
b. *los documentos*	*por la calle*
c. *el vídeo*	*a la derecha del plato*
d. *las sillas*	*encima de la mesa*
e. *la plaza*	*lejos de la costa*
f. *la servilleta*	*detrás de la barra*
g. *el tenedor*	*junto a la mesa*
h. *el buzón*	*cerca de las ovejas*
i. *los cuadros*	*dentro del archivo*
j. *la basura*	*entre el cuerpo y la camisa*
k. *la camiseta*	*debajo de la tele*
l. *los tiburones*	*a la izquierda del plato*
m. *los pastores*	*al lado de la iglesia*
n. *las bebidas en un bar*	*enfrente de los alumnos*
o. *los profesores*	*en la pared*

60. PAREJAS DE IDEAS Woran denkt man häufig bei den links stehenden Ausdrücken?

a. *los españoles*	1. *se venden buenos quesos*
b. *los alemanes*	2. *basura por el suelo*
c. *en Gran Canaria*	3. *los comercios cierran tarde*
d. *en Suiza*	4. *levantarse tarde*
e. *por la cordillera chilena*	5. *prisas y ruidos*
f. *los bares españoles*	6. *ser puntual*
g. *la vida en la gran ciudad*	7. *el aire más limpio*
h. *los horarios españoles*	8. *nadar en agua casi limpia*
i. *flamenco*	9. *literatura colombiana*
j. *los franceses*	10. *hacer la compra*
k. *Baviera*	11. *tiempo con lluvia y viento*
l. *García Márquez*	12. *mejorar el medio ambiente*
m. *los sábados por la mañana*	13. *no hablan otras lenguas*
n. *Hamburgo y Baja Sajonia*	14. *fiestas populares andaluzas*
o. *los verdes alemanes*	15. *la mejor cerveza del país*

Lösung 61: a. aplicado & holgazán b. abundancia & escasez c. maldad & bondad d. periferia & centro e. desprecio & consideración f. fijo & provisional g. desesperación & esperanza h. diferente & igual i. amor & odio j. ciudadano & campesino k. campo & ciudad l. confusión & claridad m. líquido & sólido n. cercanía & lejanía o. quedarse & marcharse

Lösung 60: a. 4 b. 6 c. 8 d. 1 e. 7 f. 2 g. 5 h. 3 i. 14 j. 13 k. 15 l. 9 m. 10 n. 11 o. 12

61. Orden & desorden Verbinden Sie die zusammengehörigen Gegenteile!

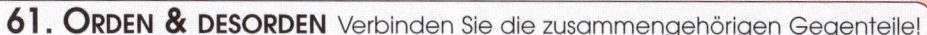

a. *aplicado*	*esperanza*
b. *abundancia*	*marcharse*
c. *maldad*	*ciudad*
d. *periferia*	*igual*
e. *desprecio*	*holgazán*
f. *fijo*	*odio*
g. *desesperación*	*centro*
h. *diferente*	*bondad*
i. *amor*	*lejanía*
j. *ciudadano*	*escasez*
k. *campo*	*sólido*
l. *confusión*	*consideración*
m. *líquido*	*provisional*
n. *cercanía*	*campesino*
o. *quedarse*	*claridad*

62. ¡NÚMEROS! Wie werden die Zahlen richtig geschrieben?

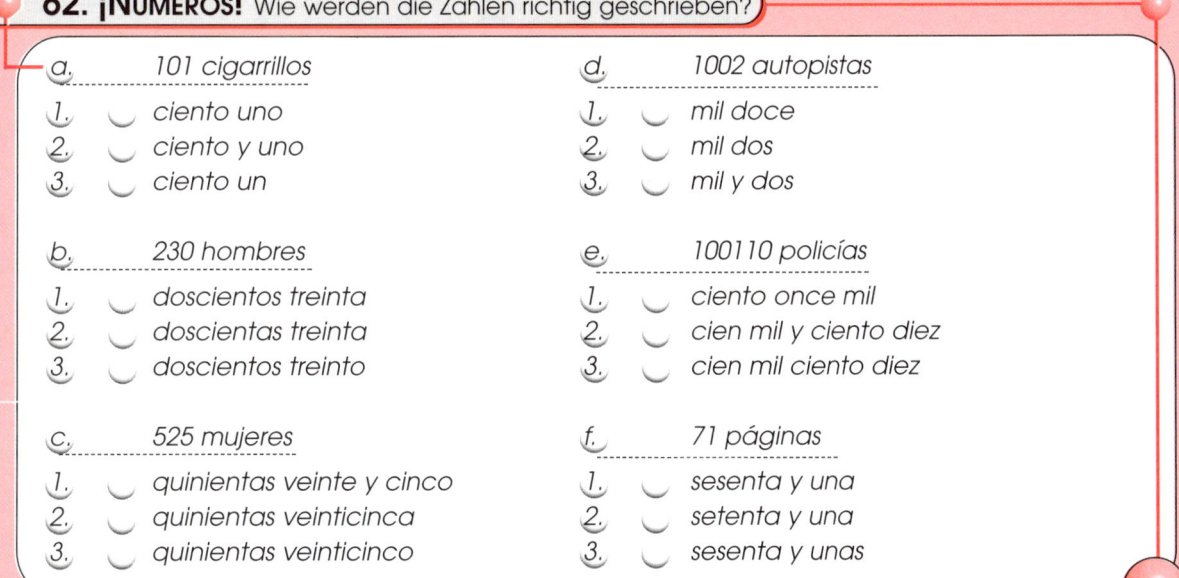

a. *101 cigarrillos*
1. *ciento uno*
2. *ciento y uno*
3. *ciento un*

b. *230 hombres*
1. *doscientos treinta*
2. *doscientas treinta*
3. *doscientos treinto*

c. *525 mujeres*
1. *quinientas veinte y cinco*
2. *quinientas veinticinca*
3. *quinientas veinticinco*

d. *1002 autopistas*
1. *mil doce*
2. *mil dos*
3. *mil y dos*

e. *100110 policías*
1. *ciento once mil*
2. *cien mil y ciento diez*
3. *cien mil ciento diez*

f. *71 páginas*
1. *sesenta y una*
2. *setenta y una*
3. *sesenta y unas*

Lösung 63: a. ... ganas de b. ... cuesta c. ... supuesto d. ... veces e. ... de estar f. ... del día g. ... hacia atrás h. ... está i. ... gusto j. ... teléfono k. ... una vez l. ... la cuenta m. ... luego n. ... si o. ... trabajar

Lösung 62: a. 3 b. 1 c. 3 d. 2 e. 3 f. 2

63. ¿CÓMO SE DICE? Verbinden Sie die passenden Wörter!

a. *tener*	*luego*
b. *cuánto*	*gusto*
c. *por*	*está*
d. *a*	*ganas de*
e. *sala*	*teléfono*
f. *a lo largo*	*de estar*
g. *mirar*	*cuesta*
h. *ya*	*veces*
i. *mucho*	*la cuenta*
j. *al*	*si*
k. *de*	*supuesto*
l. *pedir*	*trabajar*
m. *hasta*	*hacia atrás*
n. *a ver*	*del día*
o. *acabar de*	*una vez*

64. ¡Viva el perfecto! Wie lautet das Perfekt der nachstehenden Verben?

a. *Esta semana he _ _ _ _ _ _ _ _ _ ocho cartas.*	**escribir**
b. *El jefe del banco ha _ _ _ _ _ _ _ _ _ la puerta.*	**abrir**
c. *El policía ha _ _ _ _ _ _ _ _ _ el accidente.*	**describir**
d. *Laura ha _ _ _ _ _ _ _ _ _ la mesa.*	**poner**
e. *Los abuelos han _ _ _ _ _ _ _ _ _ de Mallorca.*	**volver**
f. *La señora ha _ _ _ _ _ _ _ _ _ un vaso.*	**romper**
g. *Los estudiantes han _ _ _ _ _ _ _ _ _ los deberes.*	**hacer**
h. *Yo no he _ _ _ _ _ _ _ _ _ eso.*	**decir**
i. *Esta noche he _ _ _ _ _ _ _ _ _ una película.*	**ver**
j. *Este verano hemos _ _ _ _ _ _ _ _ _ un continente.*	**descubrir**
k. *Un político ha _ _ _ _ _ _ _ _ _ a un concierto.*	**ir**
l. *Este año ha _ _ _ _ _ _ _ _ _ mi vecino.*	**morir**
m. *Manuela se ha _ _ _ _ _ _ _ _ _ muy rápido.*	**vestirse**
n. *¿Habéis _ _ _ _ _ _ _ _ _ las noticias?*	**oír**
o. *Esta semana me he _ _ _ _ _ _ _ _ _ tarde.*	**acostarse**

Lösung 65: a. que b. pero c. pero d. sino e. que f. sino g. pero h. que i. pero j. sino k. pero l. que m. sino n. pero o. que

Lösung 64: a. escrito b. abierto c. descrito d. puesto e. vuelto f. roto g. hecho h. dicho i. visto j. descubierto k. ido l. muerto m. vestido n. oído o. acostado

65. ¡Que, pero, sino! Welche Konjunktion ist die richtige?

a. *Esta mujer dice que no tiene dinero, _ _ _ _ no tiene trabajo.*
b. *Los barcos son grandes, _ _ _ _ van despacio.*
c. *Los españoles no hablan catalán, _ _ _ _ entienden a los catalanes.*
d. *Entre Francia y España no hay un río, _ _ _ _ unas montañas.*
e. *A mí me gusta más la noche _ _ _ _ el día.*
f. *Eva no ha dicho que está cansada, _ _ _ _ que quiere dormir.*
g. *Andrea no está cansada, _ _ _ _ quiere dormir.*
h. *¿Es México menos peligroso _ _ _ _ Colombia?*
i. *Tú quieres residir en El Caribe, _ _ _ _ no tienes medios económicos.*
j. *Los pobres no quieren lujo, _ _ _ _ lo suficiente para comer.*
k. *No he visto el partido de fútbol, _ _ _ _ seguramente ha sido bonito.*
l. *Conozco una chica _ _ _ _ entiende nueve idiomas.*
m. *No es María la que entiende nueve idiomas, _ _ _ _ Yolanda.*
n. *No sé quien es Yolanda, _ _ _ _ pienso que es una mujer inteligente.*
o. *Este chico dice que es francés y _ _ _ _ habla también español.*

66. ¡Dichos! Bilden Sie die passenden Ausdrücke!

a. *ir*	◯ *mala pata*
b. *estar*	◯ *el sueco*
c. *tomar*	◯ *a dedo*
d. *tener*	◯ *el lujo*
e. *meter*	◯ *el fresco*
f. *no decir*	◯ *como un bombo*
g. *cantar*	◯ *de mal humor*
h. *darse*	◯ *de vista*
i. *ser*	◯ *los ojos*
j. *tener la cabeza*	◯ *ni pío*
k. *conocer*	◯ *sin rodeos*
l. *tener a*	◯ *la pata*
m. *hablar*	◯ *un rollo*
n. *pegar*	◯ *las cuarenta*
o. *hacerse*	◯ *mano*

Lösung 67: a. helicóptero b. campo c. corrida d. cartero e. correos f. iglesia g. literatura h. cementerio i. sacarina j. artista k. Gibraltar l. Venecia m. escuela n. tijeras o. naranjero

Lösung 66: a. ir a dedo b. estar de mal humor c. tomar el fresco d. tener mala pata e. meter la pata f. no decir ni pío g. cantar las cuarenta h. poder darse el lujo i. ser un rollo j. tener la cabeza como un bombo k. conocer de vista l. tener a mano m. hablar sin rodeos n. pegar los ojos o. hacerse el sueco

67. ¡BÚSCAME! Welches Wort passt nicht zu den anderen?

a. *batería, helicóptero, filtro, gasolina*

b. *carril, carretera, campo, calle*

c. *crédito, caja, cuenta, corrida*

d. *economía, finanzas, divisas, cartero*

e. *consulado, correos, ministerio, embajada*

f. *guerra, batalla, soldado, iglesia*

g. *actor, teatro, literatura, cine*

h. *enfermo, médico, consulta, cementerio*

i. *aspirina, penicilina, tableta, sacarina*

j. *fascista, artista, pacifista, comunista*

k. *Andorra, Mónaco, Luxemburgo, Gibraltar*

l. *Valencia, Venecia, Valladolid, Bogotá*

m. *espejo, escritorio, alfombra, escuela*

n. *cable, tijeras, enchufe, luz*

o. *jardinero, naranjo, profesor, electricista*

68. ¡Somos casi iguales! Welche Verben sind Synonyme?

a. ser	_ acordarse
b. ordenar	_ oscurecer
c. bajar	_ incluir
d. excitar	_ colocar
e. ayudar	_ transmitir
f. meter	_ mandar
g. unir	_ aceptar
h. recordar	_ existir
i. avanzar	_ alcanzar
j. poner	_ descender
k. conseguir	_ favorecer
l. anochecer	_ seguir
m. pasar	_ estimular
n. comunicar	_ juntar
o. tolerar	_ ocurrir

Lösung 69: a. donde b. hoy c. cuanto d. aquí e. después f. nadie g. fuera h. todavía i. toda j. tan k. tampoco l. muy m. como n. mala o. casi

Lösung 68: a. ser & existir b. ordenar & mandar c. bajar & descender d. excitar & estimular e. ayudar & favorecer f. meter & incluir g. unir & juntar h. recordar & acordarse i. avanzar & seguir j. poner & colocar k. conseguir & alcanzar l. anochecer & oscurecer m. pasar & ocurrir n. comunicar & transmitir o. tolerar & aceptar

69. ¡Donde, cuando,...! Welches Wort ist das richtige?

a.	*Conozco un restaurante _______ se come bien.*	*donde, cuando, ayer*
b.	*He preparado una paella _______.*	*mañana, ayer, hoy*
c.	*No sabemos _______ dinero tiene el abuelo.*	*cuanto, cuando, tanto*
d.	*Quiero este bolígrafo que está _______.*	*allá, allí, aquí*
e.	*No va a cantar ahora. Va a cantar _______.*	*antes, después, todavía*
f.	*No conozco a _______ que tenga pelo verde.*	*nunca, nadie, mucho*
g.	*Los niños están _______ de casa.*	*afuera, fuera, junto*
h.	*Es temprano. _______ tenemos tiempo.*	*jamás, todavía, bastante*
i.	*El gato se bebe _______ la leche.*	*nada, toda, mucho*
j.	*Ginebra es _______ bonita como Hamburgo.*	*tanto, más, tan*
k.	*Bilbao no es un país. _______ es una isla.*	*también, tampoco, claro*
l.	*Vivir en el campo es _______ agradable.*	*mucho, muy, mejor*
m.	*El médico no sabe _______ está el paciente.*	*como, quien, cual*
n.	*Si no pones sal a la sopa, la sopa está _______.*	*mal, mala, menos*
o.	*Javier tiene _______ dos millones de marcos.*	*más, casi, algo*

70. En la ciudad Was sagen Sie in folgenden Situationen?

a. *El taxista pregunta si usted quiere un taxi.*

1. ◡ *No gracias, voy de pie.*
2. ◡ *No gracias, voy a pie.*
3. ◡ *No gracias, voy con pies.*

b. *La música rock del vecino está muy alta.*

1. ◡ *Basta la música.*
2. ◡ *Baje la música.*
3. ◡ *Bajo la música.*

c. *El dentista pregunta si todo está bien.*

1. ◡ *No, tengo dolor de dientes.*
2. ◡ *No, tengo dolor de dedos.*
3. ◡ *No, tengo dolor de muelas.*

d. *Usted quiere comprar una corbata.*

1. ◡ *Me hace falta una corbata.*
2. ◡ *Me falta una corbata.*
3. ◡ *¿Me puede faltar una corbata?*

e. *Quiere pagar el autobús con cinco mil ptas.*

1. ◡ *Lo siento, no tengo dinero.*
2. ◡ *Lo siento, no tengo monedas.*
3. ◡ *Lo siento, no tengo propina.*

f. *Usted quiere ver unos barcos.*

1. ◡ *¿Cómo puedo ir al puerto?*
2. ◡ *¿Cómo puedo ir al aeropuerto?*
3. ◡ *¿Cómo puedo ir a la puerta?*

Lösung 71: a. encendedor b. tijeras c. agenda d. cinturón e. bombillo f. bata g. cartera h. radiador i. carnet j. calculadora k. gabardina l. linterna m. pesa n. cajón o. escaparate

Lösung 70: a. 2 b. 2 c. 3 d. 1 e. 2 f. 1

71. ¡COMPLÉTAME! Welches Wort gehört in die Lücke?

a. Hoy no puedo fumar. No tengo _ _ _ _ _ _ _ _.
b. Para recortar periódicos usamos _ _ _ _ _ _ _ _.
c. Tengo tu número de teléfono en mi _ _ _ _ _ _ _ _.
d. En el coche es necesario el _ _ _ _ _ _ _ _.
e. No tenemos luz. Quizás está roto el _ _ _ _ _ _ _ _.
f. La _ _ _ _ _ _ _ _ del médico es siempre blanca.
g. Me queda poco dinero en mi _ _ _ _ _ _ _ _.
h. Un invierno sin _ _ _ _ _ _ _ _ es muy duro.
i. El _ _ _ _ _ _ _ _ es para identificarnos.
j. Todo el mundo hace hoy las sumas con _ _ _ _ _ _ _ _.
k. Esta _ _ _ _ _ _ _ _ es buena contra la lluvia.
l. Para ver de noche es muy práctica una _ _ _ _ _ _ _ _.
m. Con una _ _ _ _ _ _ _ _ conocemos nuestros kilos.
n. En el _ _ _ _ _ _ _ _ de la mesa tengo algunas cartas.
o. La moda de invierno ya está en el _ _ _ _ _ _ _ _.

linterna
cinturón
gabardina
cartera
calculadora
agenda
encendedor
carnet
tijeras
cajón
escaparate
pesa
bombillo
bata
radiador

72. ¡NÚMEROS! Welche Zahl ist richtig?

a. *doscientos mil quince*
1. 200150
2. 215000
3. 200015

b. *quinientos millones ciento uno*
1. 500100001
2. 500000101
3. 500001001

c. *setenta mil cincuenta*
1. 60050
2. 70050
3. 70500

d. *ciento un mil cuarenta y siete*
1. 101470
2. 101074
3. 101047

e. *setecientos trece mil uno*
1. 713001
2. 713100
3. 701301

f. *diez mil novecientos uno*
1. 19001
2. 10091
3. 10901

Lösung 73: a. Canarias b. Galicia c. País Vasco d. Andalucía e. Extremadura f. Rioja g. Cataluña h. Castilla i. Gibraltar j. Murcia k. Santander l. Valencia m. Baleares n. Aragón o. Asturias

Lösung 72: a. 3 b. 2 c. 2 d. 3 e. 1 f. 3

73. ¡LAS REGIONES! Aus welchen Regionen kommen diese Personen?

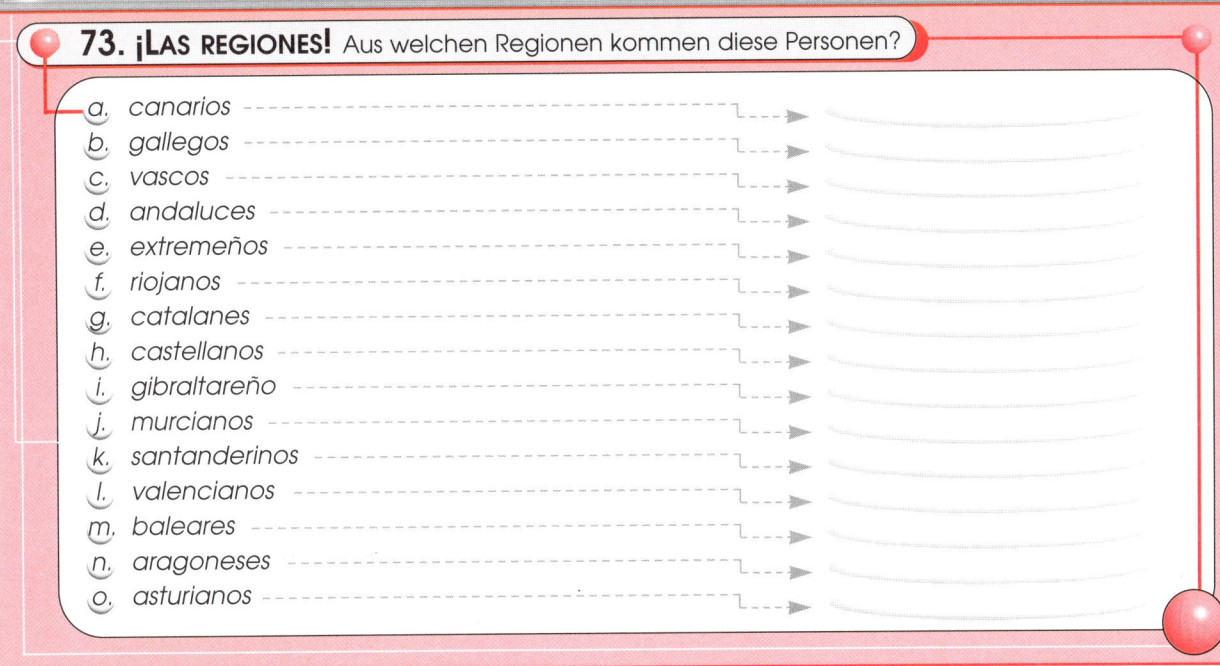

a. canarios → ______
b. gallegos → ______
c. vascos → ______
d. andaluces → ______
e. extremeños → ______
f. riojanos → ______
g. catalanes → ______
h. castellanos → ______
i. gibraltareño → ______
j. murcianos → ______
k. santanderinos → ______
l. valencianos → ______
m. baleares → ______
n. aragoneses → ______
o. asturianos → ______

74. ¡Viva el Indefinido! Wie lautet das Pretérito Indefinido der nachstehenden Verben?

a.	*Ayer Luisa ________ hasta las seis.*	*(arbeiten)*
b.	*Luisa y Ana ________ después al teatro.*	*(gehen)*
c.	*Esta mañana David ________ a trabajar en un hotel.*	*(beginnen)*
d.	*Los invitados ________ dos días en mi casa.*	*(bleiben)*
e.	*¿A vosotros os ________ la comida?*	*(gefallen)*
f.	*Nosotros ________ muchas veces.*	*(reisen)*
g.	*Yo ________ a Madrid a las diez de la noche.*	*(ankommen)*
h.	*El accidente ________ el lunes pasado.*	*(geschehen)*
i.	*Mis hermanas ________ ya la exposición.*	*(besuchen)*
j.	*La semana pasada ________ mi cartera.*	*(verlieren)*
k.	*Yo ________ mucha propina al camarero.*	*(geben)*
l.	*La secretaria ________ al director amablemente.*	*(empfangen)*
m.	*Ella ________ la oficina por la tarde.*	*(verlassen)*
n.	*¿Tú ________ la carta ayer?*	*(schreiben)*
o.	*El director también ________ mi contrato.*	*(unterzeichnen)*

Lösung 75: a. helado & refrescante b. disco & compacto c. llamada & telefónica d. desierto & caluroso e. café & estimulante f. olimpiada & deportiva g. zapatos & cómodos h. ventana & transparente i. cielo & nublado j. cumpleaños & feliz k. cuenta & bancaria l. cama & plegable m. dólar & estadounidense n. avenida & marítima o. gafas & doradas

Lösung 74: a. trabajó b. fueron c. empezó d. se quedaron e. gustó f. viajamos g. llegué h. pasó i. visitaron j. perdí k. di l. recibió m. salió de/abandonó n. escribiste o. firmó

75. SUSTANTIVO Y ADJETIVO Welches Adjektiv gehört zu welchem Substantiv?

a. *helado*	___ *estimulante*
b. *disco*	___ *caluroso*
c. *llamada*	___ *deportiva*
d. *desierto*	___ *plegable*
e. *café*	___ *bancaria*
f. *olimpiada*	___ *refrescante*
g. *zapatos*	___ *marítima*
h. *ventana*	___ *feliz*
i. *cielo*	___ *doradas*
j. *cumpleaños*	___ *telefónica*
k. *cuenta*	___ *compacto*
l. *cama*	___ *estadounidense*
m. *dólar*	___ *cómodos*
n. *avenida*	___ *nublado*
o. *gafas*	___ *transparente*

76. Wie übersetzen Sie die folgenden Sätze?

a. *Ich bin fünfunddreißig Jahre alt.*
1. ◯ *Yo soy treinta y cinco años.*
2. ◯ *Yo estoy treinta y cinco años.*
3. ◯ *Yo tengo treinta y cinco años.*

b. *Sie möchte eine andere Lösung.*
1. ◯ *Desea una otra solución.*
2. ◯ *Desea otra solución.*
3. ◯ *Desea alguna otra solución.*

c. *Sie müssen zum Arzt!*
1. ◯ *Usted debe al médico!*
2. ◯ *Usted debe ir al médico!*
3. ◯ *Usted va al médico.*

d. *Magst du lieber Fleisch?*
1. ◯ *¿Gustas tu más carne?*
2. ◯ *¿Te gusta más amor carne?*
3. ◯ *¿Prefieres carne?*

e. *Ich kaufe es dir sofort.*
1. ◯ *Yo compro lo te enseguida.*
2. ◯ *Te lo compro enseguida.*
3. ◯ *Lo te compro enseguida.*

f. *Sie hat nicht viel Glück.*
1. ◯ *Ella tiene no mucha suerte.*
2. ◯ *Ella no tiene muy suerte.*
3. ◯ *Ella no tiene mucha suerte.*

Lösung 77: a. gafas b. un radiador c. un paraguas d. una cinta e. unas tijeras f. una porra g. un abrigo h. un estuche i. un termómetro j. una raqueta k. un cubierto l. una calculadora m. una agenda n. un maletero o. un armario

Lösung 76: a. 3 b. 2 c. 2 d. 3 e. 2 f. 3

77. ¡QUÉ COSA! Ersetzen Sie una cosa durch das passende Wort!

a. *Tengo una cosa para leer mejor.*	**una cinta**
b. *Esto es una cosa para calentar la habitación.*	**unas tijeras**
c. *Necesito una cosa contra la lluvia.*	**una calculadora**
d. *Aquí tengo una cosa para grabar música.*	**un estuche**
e. *He visto una cosa para recortar fotos.*	**un termómetro**
f. *La policía tiene una cosa para pegar.*	**gafas**
g. *Me he comprado una cosa contra el frío.*	**un maletero**
h. *Una cosa para meter las gafas es muy util.*	**un cubierto**
i. *Esto es una cosa para ver la temperatura.*	**una agenda**
j. *Quiero una cosa para jugar al tenis.*	**una porra**
k. *Desean una cosa para poder comer.*	**un paraguas**
l. *¿Dónde hay una cosa para hacer la cuenta?*	**un abrigo**
m. *Busco una cosa para escribir direcciones.*	**un armario**
n. *En el coche hay una cosa para poner maletas.*	**un radiador**
o. *En casa no tengo una cosa para poner la ropa.*	**una raqueta**

78. ¡Desorden! Bilden Sie aus den folgenden Wörtern richtige Sätze!

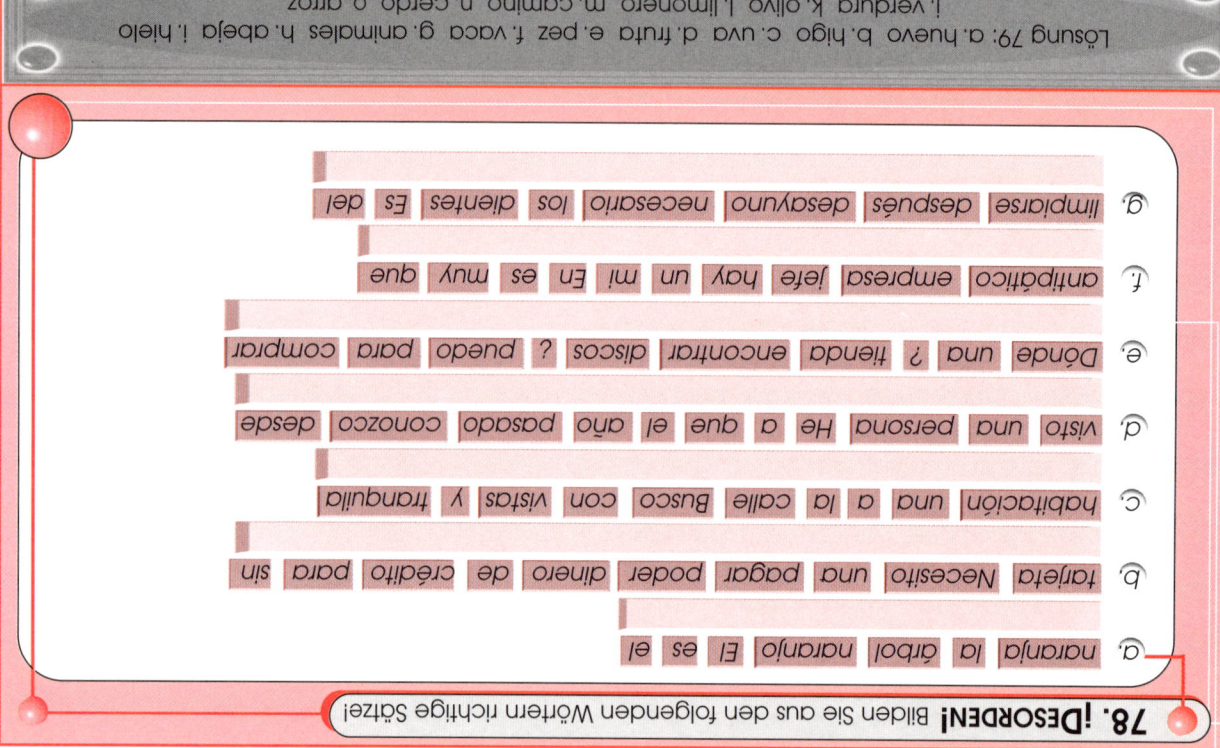

a. naranja | la | árbol | naranjo | El | es | el

b. tarjeta | Necesito | una | pagar | poder | dinero | de | crédito | para | sin

c. habitación | una | a | la | calle | Busco | con | vistas | y | tranquila

d. visto | una | persona | He | a | que | el | año | pasado | conozco | desde

e. Dónde | una | ? | tienda | encontrar | discos | ¿ | puedo | para | comprar

f. antipático | empresa | jefe | hay | un | mi | En | es | muy | que

g. limpiarse | después | desayuno | necesario | los | dientes | Es | del

Lösung 79: a. huevo b. higo c. uva d. fruta e. pez f. vaca g. animales h. abeja i. hielo j. verdura k. olivo l. limonero m. camino n. cerdo o. arroz

Lösung 78: a. El naranjero es el árbol de la naranja. b. Necesito una tarjeta de crédito para poder pagar sin dinero. c. Busco una habitaicón tranquila y con vista a la calle. d. He visto a una persona que conozco desde el año pasado. e. ¿Dónde puedo encontrar una tienda para comprar discos? f. En mi empresa hay un jefe que es muy antipático. g. Es necesario limpiarse los dientes después del desayuno.

79. ¡Naturaleza! Welches Wort ist richtig?

a. *¿Cuál es el producto de la gallina?* → *pera, huevo, queso, alga*
b. *¿Que obtenemos de la higuera?* → *hijo, hongo, higo, harina*
c. *¿Con qué se produce el vino?* → *ave, uva, viña, cereza*
d. *¿Qué hay normalmente en un zumo?* → *leche, fruta, especias, aceites*
e. *Un producto del mar que se come mucho.* → *pescador, pez, pescado, pescadería*
f. *¿Qué animal produce mucha leche?* → *toro, caballo, burro, vaca*
g. *El ganado es un conjunto de...* → *cereales, árboles, animales, pájaros*
h. *¿De dónde obtenemos la miel?* → *oveja, abeja, cordero, langosta*
i. *¿Cómo se llama el agua sólida en invierno?* → *lluvia, hielo, niebla, granizo*
j. *Para una comida vegetariana necesitamos...* → *viento, basura, verdura, vajilla*
k. *¿Cuál es el árbol de la aceituna?* → *algarrobo, olivo, olmo, almendro*
l. *¿Cómo se llama el árbol del limón?* → *limono, lima, limonero, limonada*
m. *¿Qué es un sendero?* → *carretera, camino, calle, avenida*
n. *¿Las salchichas se hacen generalmente de...?* → *cerdo, pájaro, conejo, cabra*
o. *¿El ingrediente principal de la paella es...?* → *alcachofa, arroz, aguacate, avellana*

80. ¡La llamada! Was sagen Sie in folgenden Situationen?

a. *Suena el teléfono y usted toma el auricular.*

1. *¿Quién es?*
2. *¿Digo?*
3. *¿Diga?*

b. *Usted llama y pregunta por Manolo.*

1. *Quería hablar con Manolo.*
2. *¿Es el teléfono de Manolo?*
3. *Tengo que llamar a Manolo.*

c. *Usted llama a una empresa para hablar con Eva.*

1. *Póngame con Eva, por favor.*
2. *Quería poner con Eva.*
3. *¿Es Eva al aparato?*

d. *La empresa dice que Eva no está.*

1. *¿Puede llamarme otra vez?*
2. *¿Puedo hablar con ella después?*
3. *¿Puede decirle que me llame?*

e. *Después de tomar el auricular, usted...*

1. *cuelga*
2. *marca*
3. *habla*

f. *Usted se despide después de hablar.*

1. *Adiós, hasta volver a oír.*
2. *Adiós, hasta luego.*
3. *Adiós, hasta la vista.*

Lösung 81: a. grueso & fino b. viejo & nuevo c. listo & tonto d. dulce & amargo e. educado & maleducado f. feliz & infeliz g. egoísta & generoso h. valiente & cobarde i. cómodo & incómodo j. ligero & pesado k. breve & largo l. abundante & escaso m. duro & blando n. masculino & femenino o. público & privado

Lösung 80: a. 3 b. 1 c. 1 d. 3 e. 2 f. 2

81. FACIL & DIFICIL Verbinden Sie die zusammengehörigen Gegenteile!

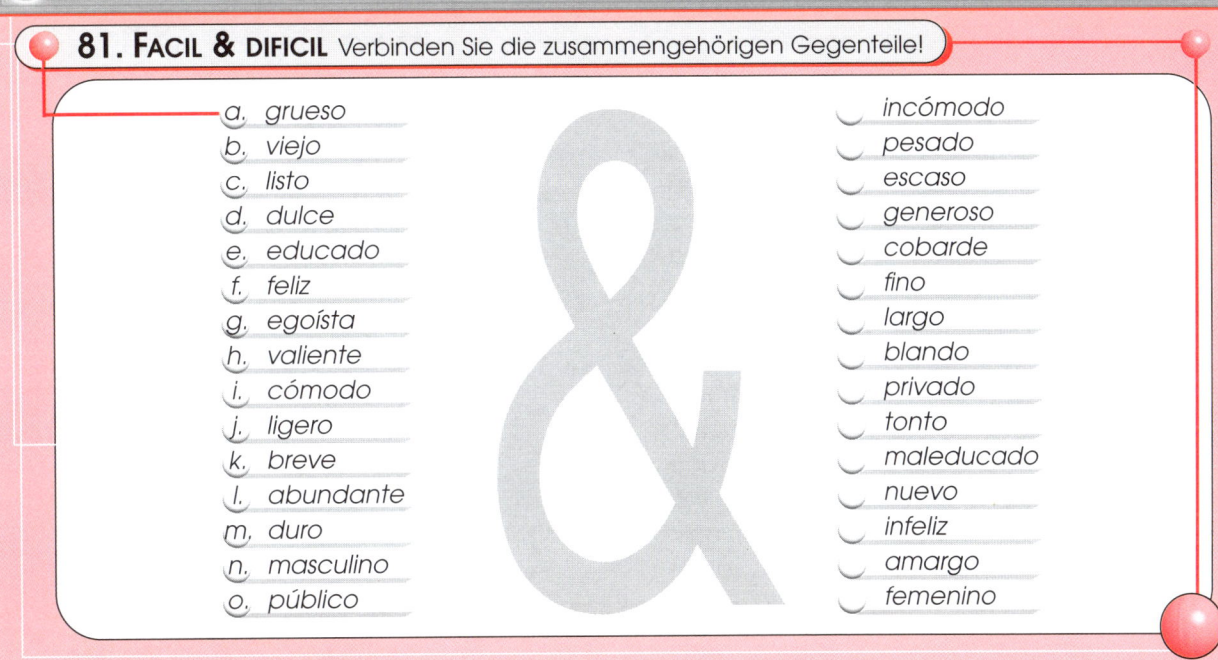

a. grueso	incómodo
b. viejo	pesado
c. listo	escaso
d. dulce	generoso
e. educado	cobarde
f. feliz	fino
g. egoísta	largo
h. valiente	blando
i. cómodo	privado
j. ligero	tonto
k. breve	maleducado
l. abundante	nuevo
m. duro	infeliz
n. masculino	amargo
o. público	femenino

82. CEPILLO DE ... Wie heißen die zusammengesetzten Ausdrücke?

a. cepillo de	borrar
b. goma de	incendios
c. tarjeta de	civil
d. libro de	combate
e. aceite de	emergencia
f. estado	diente
g. avión de	plazos
h. carretera	pie
i. pagar a	embarque
j. salida de	pulsera
k. extintor de	consulta
l. lámpara de	general
m. reloj de	cercanías
n. huevos de	oliva
o. tren de	granja

Lösung 83: a. 1 b. 2 c. 3 d. 2 e. 1 f. 1

Lösung 82: a. cepillo de dientes b. goma de borrar c. tarjeta de embarque d. libro de consulta e. aceite de oliva f. estado civil g. avión de combate h. carretera general i. pagar a plazos j. salida de emergencia k. extintor de incendios l. lámpara de pie m. reloj de pulsera n. huevos de granja o. tren de cercanías

83. ESTOY ENFERMO Was machen Sie, damit es Ihnen wieder besser geht?

a. Tiene dolor de muelas.

1. Tomo un calmante.
2. Doy un paseo.
3. Tomo una manzanilla.

b. Tiene mareos.

1. Toma una aspirina.
2. Se va un momento a la cama.
3. Consulta a un pediatra.

c. Tiene dolor de estómago.

1. Prepara una buena comida.
2. Pone hielo sobre el estómago.
3. Come cosas ligeras.

d. Le duele mucho la garganta.

1. Bebe líquidos fríos.
2. Bebe tés calientes.
3. Busca una crema contra el dolor.

e. Está muy resfriado.

1. Se queda en casa.
2. Busca el aire limpio en el parque.
3. Bebe refrescos.

f. Després de tomar el sol, la piel se pone roja.

1. Pongo crema.
2. Tomo pastillas para dormir.
3. Me pongo una camisa blanca.

84. ¡Complétame! Ergänzen Sie die angefangenen Sätze!

a. *Para almorzar tenemos que poner*	→ ______	***pista***
b. *Cuando en Chile es verano, en Suiza es*	→ ______	***el suelo***
c. *Para los pantalones necesitamos*	→ ______	***cuello***
d. *A los lados de las calles hay*	→ ______	***sábana***
e. *Una alfombra es para*	→ ______	***el termómetro***
f. *La bufanda está alrededor del*	→ ______	***embajada***
g. *Un anticonceptivo protege contra*	→ ______	***la mesa***
h. *Para sacar agua del suelo necesitamos una*	→ ______	***terremoto***
i. *La representación de un país en otro se llama*	→ ______	***invierno***
j. *Para la información del tiempo sirve*	→ ______	***el embarazo***
k. *Una manta es para*	→ ______	***un cinturón***
l. *En la montaña esquiamos por una*	→ ______	***aceras***
m. *Para cocinar una sopa necesitamos una*	→ ______	***fuente***
n. *En la cama hay una manta y una*	→ ______	***la cama***
o. *Un movimiento de tierra se llama también*	→ ______	***olla***

Lösung 85: a. aunque b. si c. si d. aunque e. como f. como g. aunque h. como i. si j. aunque k. aunque l. como m. si n. aunque o. si

Lösung 84: a. ... la mesa b. ... invierno c. ... un cinturón d. ... aceras e. ... el suelo f. ... cuello g. ... el embarazo h. ... fuente i. ... embajada j. ... un termómetro k. ... la cama l. ... pista m. ... olla n. ... sábana o. ... terremoto

85. ¡AUNQUE, COMO, SI! Welche Konjunktion ist richtig?

a. _______ *estamos en verano, está lloviendo.*
b. _______ *voy a España, visito la ciudad de Toledo.*
c. *No sé _______ hoy es lunes o martes.*
d. *No puedo dormirme, _______ estoy muy cansado.*
e. *Los niños trabajan en la escuela _______ el profesor quiere.*
f. _______ *veo que hoy hace sol, voy a ir al parque.*
g. *La gente está en la calle, _______ en la televisión hay fútbol.*
h. *Hoy los niños juegan al tenis _______ los profesionales.*
i. _______ *alguien pregunta por mí, infórmale que no estoy.*
j. *Esta niña ya está muy grande, _______ solo tiene ocho años.*
k. _______ *Felipe sabe inglés, no ha conseguido un buen trabajo.*
l. _______ *la chica sabe escribir a máquina, ha conseguido el trabajo.*
m. *El policía pregunta _______ aparcamos aquí mucho tiempo.*
n. *Susana va a ir a la sauna, _______ no le gusta demasiado.*
o. *La situación económica va a mejorar _______ el euro es estable.*

86. ¡DICHOS! Was könnte gemeint sein?

a. *Estar muerto*
1. ◯ *No vivir*
2. ◯ *Estar muy cansado*
3. ◯ *Estar muy enfermo*

b. *No pegar ojo*
1. ◯ *No ser malo*
2. ◯ *No poder levantarse*
3. ◯ *No poder dormir*

c. *Meter la pata*
1. ◯ *Decir mentiras*
2. ◯ *Hacer algo malo*
3. ◯ *Pisar fuerte*

d. *Estar al corriente de algo*
1. ◯ *Tener contacto con algo*
2. ◯ *Tener algo*
3. ◯ *Estar bien informado de algo*

e. *Conocer de vista a una persona*
1. ◯ *Conocer los ojos de una persona*
2. ◯ *Conocer poco a una persona*
3. ◯ *Conocer solo la cara de alguien*

f. *Algo o alguien es un rollo*
1. ◯ *Ser inteligente*
2. ◯ *Ser desagradable*
3. ◯ *Ser muy gordo*

Lösung 87: a. dirección & mudarse b. enfermedad & curar c. piscina & nadar d. colores & pintar e. golf & jugar f. semáforo & parar g. paraguas & llover h. problema & solucionar i. dinero & gastar j. olla & cocinar k. pájaro & cantar l. carta & recibir m. museo & visitar n. suciedad & limpiar o. zapatos & caminar

Lösung 86: a. 2 b. 3 c. 2 d. 3 e. 3 f. 1

87. Sustantivo y verbo Welches Verb gehört zu welchem Substantiv?

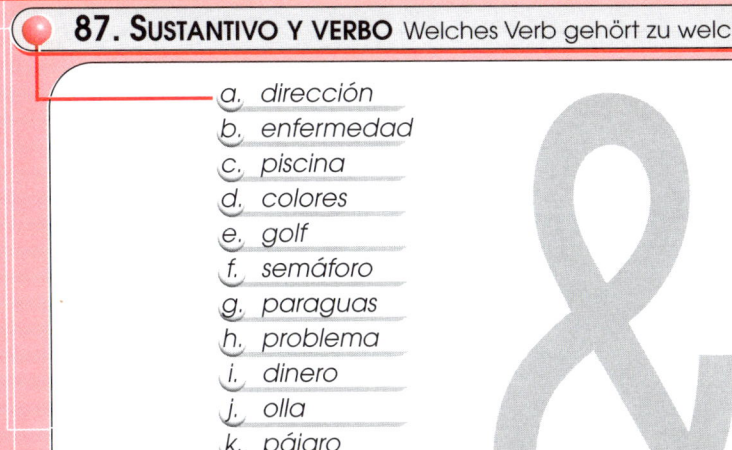

a. dirección	nadar
b. enfermedad	recibir
c. piscina	llover
d. colores	curar
e. golf	visitar
f. semáforo	cantar
g. paraguas	cocinar
h. problema	mudarse
i. dinero	pintar
j. olla	limpiar
k. pájaro	jugar
l. carta	parar
m. museo	solucionar
n. suciedad	caminar
o. zapatos	ganar

88. ¡SOMOS CASI IGUALES! Welche Ausdrücke sind Synonyme?

a. *pariente*	___ *ausencia*
b. *situación*	___ *difunto*
c. *falta*	___ *familiar*
d. *muerto*	___ *estado*
e. *creador*	___ *camino*
f. *empleo*	___ *dicha*
g. *sendero*	___ *autor*
h. *suerte*	___ *uso*
i. *mentira*	___ *estupendo*
j. *similar*	___ *obligatorio*
k. *posible*	___ *parecido*
l. *fabuloso*	___ *histérico*
m. *necesario*	___ *optimismo*
n. *esperanza*	___ *probable*
o. *loco*	___ *falsedad*

Lösung 89: a. tío b. abuela c. padre d. abuela e. yerno f. prima g. hijo h. nuera i. hermanos j. nieta k. nieto l. padre m. tíos n. sobrina o. mujer

Lösung 88: a. pariente & familiar b. situación & estado c. falta & ausencia d. muerto & difunto e. creador & autor f. empleo & uso g. sendero & camino h. suerte & dicha i. mentira & falsedad j. similar & parecido k. posible & probable l. fabuloso & estupendo m. necesario & obligatorio n. esperanza & optimismo o. loco & histérico

89. ¡Familia! Welcher Verwandte ist gemeint?

a. *El hermano de mi padre es mi ______.* — tío, primo, hijo
b. *La madre de mi madre es mi ______.* — abuela, tía, sobrina
c. *El marido de mi madre es mi ______.* — abuelo, padre, hermano
d. *La madre de mi padre es mi ______.* — tía, abuela, suegra
e. *Yo soy el ______ de mi suegra.* — primo, yerno, cuñado
f. *La hija de mi tía es mi ______.* — sobrina, prima, novia
g. *Mi padre es el ______ de mi abuelo.* — hijo, suegro, hermano
h. *Mi ______ es la mujer de mi hijo.* — prima, nieta, nuera
i. *Los hijos de mi madre son mis ______.* — sobrinos, hermanos, tíos
j. *Mi hermana es la ______ de mi abuela.* — nieta, cuñada, tía
k. *Yo soy el ______ del padre de mi padre.* — primo, hermano, nieto
l. *El marido de mi suegra es el ______ de mi mujer.* — marido, padre, abuelo
m. *Los padres de mi prima son mis ______.* — padres, abuelos, tíos
n. *La hija de mi hermana es mi ______.* — nieta, sobrina, hermana
o. *Mi madre es la ______ de mi padre.* — novia, mujer, abuela

90. EN LA OFICINA Ergänzen Sie die Lücke mit dem passenden Wort!

a. *Con la _ _ _ _ _ _ hago un café para el jefe.*
b. *Los restos de papel están en la _ _ _ _ _ _.*
c. *Los documentos viejos están en el _ _ _ _ _ _.*
d. *La _ _ _ _ _ _ es en la sala de conferencias.*
e. *Para almorzar hacemos una _ _ _ _ _ _.*
f. *El dinero que recibo se llama _ _ _ _ _ _.*
g. *Para unir papeles utilizo la _ _ _ _ _ _.*
h. *La _ _ _ _ _ _ adhesiva sirve para pegar.*
i. *Con la _ _ _ _ _ _ puedo hacer líneas.*
j. *Si escribo con lápiz, a veces uso la _ _ _ _ _ _.*
k. *Mi ordenador está encima de mi _ _ _ _ _ _.*
l. *Con la _ _ _ _ _ _ no olvido mis citas.*
m. *Cuando el jefe dicta, siempre tomo el _ _ _ _ _ _.*
n. *En la _ _ _ _ _ _ tenemos el dinero del departamento.*
o. *En el _ _ _ _ _ _ de mi mesa tengo unos sellos.*

reunión
dictáfono
sueldo
cafetera
cinta
archivo
escritorio
papelera
agenda de mesa
pausa
cajón
grapadora
regla
goma de borrar
caja fuerte

Lösung 91: a. peluca b. dedo c. bigote d. estómago e. consulta f. medicina g. loco h. clínica i. cansado j. farmacia k. mujeres l. debilidad m. revisión n. sueño o. amarillo

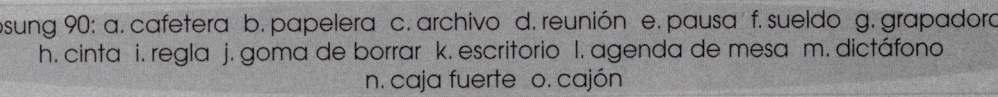

Lösung 90: a. cafetera b. papelera c. archivo d. reunión e. pausa f. sueldo g. grapadora h. cinta i. regla j. goma de borrar k. escritorio l. agenda de mesa m. dictáfono n. caja fuerte o. cajón

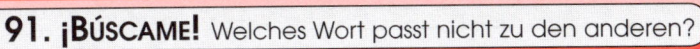

91. ¡BÚSCAME! Welches Wort passt nicht zu den anderen?

a. *pierna, peluca, pie, pecho*

b. *ojo, boca, nariz, dedo*

c. *chicle, sombrero, gafas, bigote*

d. *resfriado, gripe, estómago, tos*

e. *análisis, operación, consulta, diagnóstico*

f. *pastilla, tableta, píldora, medicina*

g. *ciego, loco, sordo, mudo*

h. *médica, enfermero, clínica, paciente*

i. *bueno, malo, regular, cansado*

j. *farmacia, ambulancia, camilla, venda*

k. *dieta, mujeres, deporte, vacaciones*

l. *salud, bienestar, debilidad, energía*

m. *dolor, fiebre, temperatura, revisión*

n. *asma, coma, migraña, sueño*

o. *mejor, peor, igual, amarillo*

92. ¡PRESENTE! Wie lauten die unregelmäßigen Präsens-Formen?

a. Yo _ _ _ _ _ _ _ _ una chica de pelo largo.	**conocer**
b. Cuando quiero comer, _ _ _ _ _ _ _ _ la mesa.	**poner**
c. Si voy a Canarias, _ _ _ _ _ _ _ _ recuerdos.	**traer**
d. Yo no _ _ _ _ _ _ _ _ si el euro es estable.	**saber**
e. Hoy yo _ _ _ _ _ _ _ _ tomar un café en la terraza.	**querer**
f. Por las noches yo siempre _ _ _ _ _ _ _ _ la radio.	**oír**
g. Nunca _ _ _ _ _ _ _ _ en aviones; no me gusta.	**volar**
h. _ _ _ _ _ _ _ _ el calor al frío; el frío me pone triste.	**preferir**
i. Si bebo alcohol, no _ _ _ _ _ _ _ _.	**conducir**
j. Como soy profesor, _ _ _ _ _ _ _ _ los ejercicios.	**corregir**
k. A veces me _ _ _ _ _ _ _ _ con amigos.	**divertirse**
l. Pero pocas veces _ _ _ _ _ _ _ _ al fútbol.	**jugar**
m. Yo _ _ _ _ _ _ _ _ trabajando en la misma empresa.	**seguir**
n. Los tomates no _ _ _ _ _ _ _ _ bien.	**oler**
o. Esta persona _ _ _ _ _ _ _ _ todo el día.	**reír**

Lösung 93: a. 3 b. 2 c. 1 d. 2 e. 2 f. 2

Lösung 92: a. conozco b. pongo c. traigo d. sé e. quiero f. oigo g. vuelo h. prefiero i. conduzco j. corrijo k. divierto l. juego m. sigo n. huelen o. ríe

93. ¡Unos...! Was ist gemeint?

a. *Andrés tiene unos cuarenta años.*

1. ◡ *Andrés tiene ochénta años.*
2. ◡ *Andrés tiene menos de cuarenta.*
3. ◡ *Andrés tiene alrededor de cuarenta años.*

b. *Silvia se compra unas gafas.*

1. ◡ *Se compra muchas gafas.*
2. ◡ *Se compra gafas.*
3. ◡ *Se compra aproximadamente gafas.*

c. *Mañana paso unas horas con Marta.*

1. ◡ *Paso más de una hora.*
2. ◡ *Paso dos horas.*
3. ◡ *Paso como máximo una hora.*

d. *Unas botas cuestan cien marcos.*

1. ◡ *Algunas botas.*
2. ◡ *Un par de botas.*
3. ◡ *Botas o zapatos.*

e. *Quiero unos tomates.*

1. ◡ *Dos kilos de tomates.*
2. ◡ *Algunos tomates.*
3. ◡ *Dos tomates.*

f. *Necesito unos pantalones.*

1. ◡ *Dos pantalones.*
2. ◡ *Un pantalón.*
3. ◡ *Algunos pantalones.*

94. ¿Quien es el jefe en ...? Wer ist der Chef?

a. el mar	el león
b. la empresa	el alcalde
c. la sabana	el profesor
d. la iglesia	el águila
e. la universidad	el árbitro
f. el taxi	el tiburón
g. una monarquía	la ama de casa
h. el campo de fútbol	el taxista
i. el aire	el chófer
j. la escuela	el gerente
k. el autobús	el cura
l. la casa	el rey
m. el hospital	el juez
n. un pueblo	el maestro
o. un proceso judicial	el médico

Lösung 95: a. richtig b. falsch c. falsch d. richtig e. falsch f. richtig g. falsch h. falsch i. falsch j. falsch k. falsch l. richtig m. richtig n. richtig o. falsch

Lösung 94: a: el tiburón b: el gerente c: el león d: el cura e: el profesor f: el taxista g: el rey h: el árbitro i: el águila j: el maestro k: el chófer l: la ama de casa m: el médico n: el alcalde o: el juez

95. ¿VERDADERO O FALSO? Kreuzen Sie „richtig" oder „falsch" an!

a.	*Las Islas Canarias pertenecen a la Unión Europea.*	richtig	falsch
b.	*Cataluña es la región más grande de España.*	richtig	falsch
c.	*En La Palma se habla catalán.*	richtig	falsch
d.	*En Huelva, Andalucía, se cultivan muchísimas fresas.*	richtig	falsch
e.	*Un televisor es un aparato para escribir rápido.*	richtig	falsch
f.	*Austria es un miembro de la Unión Europea.*	richtig	falsch
g.	*El Banco Central Europeo está en Luxemburgo.*	richtig	falsch
h.	*Bogotá es la ciudad más pequeña de España.*	richtig	falsch
i.	*Una sábana y una sabana es lo mismo.*	richtig	falsch
j.	*Un torero es un toro sin cabeza.*	richtig	falsch
k.	*Andorra es un país entre Italia y Suiza.*	richtig	falsch
l.	*La fruta del olivo se llama aceituna.*	richtig	falsch
m.	*Un pescado es un pez muerto.*	richtig	falsch
n.	*Una maestra es una profesora en una escuela.*	richtig	falsch
o.	*Un taxímetro es un taxi muy grande.*	richtig	falsch

96. ¡Felicidades! Was sagt man in folgenden Situationen?

a. *Una persona ha ganado la lotería.*
1. *Lo siento.*
2. *Satisfecho.*
3. *Enhorabuena.*

b. *Es el cumpleaños de una amiga.*
1. *Qué suerte.*
2. *Felicidades.*
3. *Qué pena.*

c. *Una persona pide perdón.*
1. *No importa.*
2. *Vale.*
3. *Cuidado.*

d. *Su colega come un bocadillo.*
1. *Persona.*
2. *Que aproveche.*
3. *Es igual.*

e. *Una persona ha perdido el trabajo.*
1. *Qué lástima.*
2. *No te preocupes.*
3. *Qué bien.*

f. *Su amigo está enfermo.*
1. *Que te mejores.*
2. *Salud.*
3. *Qué mal.*

Lösung 97: a. maestro b. parlamento c. secretario d. servicios e. víctima f. pensión g. turista h. cárcel i. artillería j. mezquita k. ceremonia l. banco m. venta n. gobierno o. amo

Lösung 96: a. 3 b. 2 c. 1 d. 2 e. 1 f. 1

97. ¡BÚSCAME! Welches Wort passt nicht zu den anderen?

a. *ministro, alcalde, maestro, diputado*

b. *canciller, embajador, cónsul, parlamento*

c. *partido, comisión, oposición, secretario*

d. *azafata, servicios, piloto, ingeniero*

e. *huésped, cliente, víctima, invitado*

f. *parada, peaje, pensión, autopista*

g. *emigrante, asilado, turista, exiliado*

h. *ley, cárcel, código, justicia*

i. *libertad, amnistía, artillería, permiso*

j. *ateísmo, budismo, mezquita, judaísmo*

k. *templo, iglesia, sinagoga, ceremonia*

l. *banco, ganancia, pérdida, deuda*

m. *rebaja, venta, oferta, liquidación*

n. *inquisición, ejército, policía, gobierno*

o. *tendevo, cajero, vendedor, amo*

98. Una vez al año Was machen Sie einmal im Jahr?

a. *Celebro mi _________.*
b. *Pago mis _________.*
c. *Voy de _________.*
d. *Me compro unos _________.*
e. *Transfiero las cuota de los _________.*
f. *Compro libros para el _________ de los niños.*
g. *Soy la víctima del _________.*
h. *En navidades exagero en la _________.*
i. *Recibo los _________ de mis ahorros.*
j. *Busco un _________ para mi mujer.*
k. *Para los niños compro _________ nueva.*
l. *Discuto el aumento del _________.*
m. *Hago una _________ para el tercer mundo.*
n. *Veo mis _________ de las últimas vacaciones.*
o. *Participo en la _________ de vecinos.*

zapatos
colegio
bebida
reunión
alquiler
intereses
impuestos
regalo
ropa
donación
vacaciones
seguros
dentista
diapositivas
cumpleaños

Lösung 99: a. preparar b. cocinar c. limpiar d. ordenar e. adquirir f. regar g. buscar h. ordenar i. mejorar j. comprobar k. escribir l. sacar m. cocer n. proponer o. almorzar

Lösung 98: a. cumpleaños b. impuestos c. vacaciones d. zapatos e. seguros f. colegio g. dentista h. bebida i. intereses j. regalo k. ropa l. alquiler m. donación n. diapositivas o. reunión

99. ¡AMA DE CASA! Welches Verb passt zu den angegebenen Tätigkeiten?

a. hacer la comida →	*poner, preparar, pelar, perder*
b. cocer un huevo →	*cocinar, barrer, congelar, partir*
c. pasar la aspiradora →	*limpiar, controlar, fregar, lavar*
d. hacer las camas →	*planchar, coser, ordenar, fabricar*
e. hacer la compra →	*preparar, adquirir, volver, cortar*
f. controlar las plantas →	*regar, pintar, comprar, deshacer*
g. recoger a los niños →	*despertar, pelear, educar, buscar*
h. recoger la mesa →	*ordenar, devolver, fabricar, poner*
i. pintar las paredes →	*limpiar, mejorar, ensuciar, arreglar*
j. hacer las cuentas →	*facturar, vender, destruir, comprobar*
k. hacer la lista de la compra →	*comprar, escribir, poner, llamar*
l. tirar la basura →	*buscar, sacar, traer, pedir*
m. cocinar →	*construir, pintar, cocer, ordenar*
n. ayudar a los niños con la escuela →	*jugar, criticar, proponer, acompañar*
o. preparar la comida del mediodía →	*merendar, almorzar, cenar, beber*

100. ¡DESORDEN! Bilden Sie aus den folgenden Wörtern richtige Sätze!

a. muebles | marrón | color | son | de | Los | casa | mi | de

b. ropa | para | es | armario | Un | poner

c. ponen | estanterías | Los | se | las | libros | en

d. nevera | enfriar | Una | es | una | para | máquina

e. móvil | un | es | teléfono | Un | cable | sin

f. almanaque | del | meses | En | año | vemos | un | los

g. pared | electricidad | enchufes | la | de | los | De | la | viene

Lösung 101: a. marrones b. Europa es ... c. está entre d. cara e. Es la una f. En un ... g. oscuros h. he escrito i. se hablan j. están sucios k. para España l. de metal m. vaso n. Doscientas o. una gran ciudad

Lösung 100: a. Los muebles de mi casa son marrón. b. Un armario es para poner ropa. c. Los libros se ponen en las estanterías d. Una nevera es una máquina para enfriar. e. Un móvil es un teléfono sin cable. f. En un almanaque vemos los meses del año. g. La electricidad viene de los enchufes de la pared.

101. ¡Busque la falta! Finden Sie den Fehler!

a. *Las chaquetas marrón son bonitas.*
b. *Europa está un país multicultural.*
c. *El Océano Atlántico está en América y Europa.*
d. *Una llamada telefónica es caro.*
e. *¿Qué hora es? Son la una.*
f. *En uno diccionario está el significado de las palabras.*
g. *En invierno los días son oscuras.*
h. *Esta mañana he escribido una carta.*
i. *En Perú se habla dos lenguas.*
j. *Los parques de la ciudad son sucios.*
k. *Una postal por España cuesta un marco.*
l. *Los coches son en metal.*
m. *Normalmente bebemos con un baso.*
n. *Doscientos pesetas son dos marcos.*
o. *París es una grande ciudad.*

102. ¡Cantidades y medidas! Welches Wort passt nicht zu den anderen?

a. *cinco, quince, veinticinco, quinientos*

b. *veinte, doscientos, dos mil, diez mil*

c. *treinta, trece, veintitrés, ciento tres*

d. *ciento uno, doscientos dos, mil uno, once*

e. *cuarenta, veinte, setenta, noventa*

f. *uno, veintiuno, treinta y uno, cuarenta y uno*

g. *dos, doce, ciento dos, uno*

h. *un millardo, cien millones, diez, dos millones*

i. *medio, cuarto, docena, tres cuartos*

j. *litro, kilo, gramo, centímetro*

k. *metro, kilómetro, decímetro, taxímetro*

l. *gramo, miligramo, tonelada, hectárea*

m. *vatio, voltio, área, amperio*

n. *millón, billón, galón, trillón*

o. *primero, quinto, décimo, quince*

Lösung 103: a. el capital & das Kapital b. la capital & die Hautpstadt c. el frente & die Front d. la frente & die Stirn e. el cólera & die Cholera f. la cólera & der Zorn g. el parte & der Berich h. la parte & das Teil i. el pendiente & der Ohrring j. la pendiente & der Bergabhang k. el cometa & der Komet l. la cometa & der Drachen m. el orden & die Ordnung n. la orden & der Befehl

Lösung 102: a. quinientos b. diez mil c. treinta d. doscientos dos e. veinte f. uno g. ciento veinte h. dos millones i. docena j. centímetro k. taxímetro l. hectárea m. área n. galón o. quince

103. El capital, la capital Finden Sie die richtige Bedeutung heraus!

a. el capital	*der Drachen*
b. la capital	*der Komet*
c. el frente	*die Ordnung*
d. la frente	*der Bergabhang*
e. el cólera	*das Kapital*
f. la cólera	*die Hauptstadt*
g. el parte	*die Stirn*
h. la parte	*der Befehl*
i. el pendiente	*die Cholera*
j. la pendiente	*die Front*
k. el cometa	*der Bericht*
l. la cometa	*der Zorn*
m. el orden	*das Teil*
n. la orden	*der Ohrring*

104. ¡COMPLÉTAME! Ergänzen Sie die angefangenen Sätze!

a. *Los comercios están abiertos*	*se llevan en invierno.*
b. *En primavera hace*	*en el camino.*
c. *Si estudian mucho*	*en los campos.*
d. *Para hacer una tortilla*	*se termina en Hamburgo.*
e. *Una piedra está*	*buen tiempo.*
f. *En un buzón*	*hay que investigar.*
g. *Franquear una carta significa*	*van a aprobar el examen.*
h. *El mejor avión europeo*	*hasta las nueve.*
i. *Los trenes de alta velocidad*	*pequeño que una ciudad.*
j. *Para combatir las enfermedades*	*se puede ver de lejos.*
k. *Las mariposas están*	*necesitamos patatas y huevos.*
l. *Con un telescopio*	*pegar un sello en ella.*
m. *Los pulóveres de lana*	*podemos meter cartas.*
n. *Las ruedas de los coches*	*contienen aire.*
o. *Un pueblo es más*	*no son los más seguros.*

Lösung 105: a. 2 b. 3 c. 2 d. 3 e. 1 f. 3

Lösung 104: a. Los comercios están abiertos hasta las nueve. b. En primavera hace buen tiempo. c. Si estudian mucho van a aprobar el examen d. Para hacer una tortilla necesitamos patatas y huevos. e. Una piedra está en el camino. f. En un buzón podemos meter cartas. g. Franquear una carta significa pegar un sello en ella. h. El mejor avión europeo se termina en Hamburgo. i. Los trenes de alta velocidad no son los más seguros. j. Para combatir las enfermedades hay que investigar. k. Las mariposas están en los campos. l. Con un telescopio se puede ver de lejos. m. Los pulóveres de lana se llevan en invierno n. Las ruedas de los coches contienen aire. o. Un pueblo es más pequeño que una ciudad.

105. ¡En la autopista! Wie reagieren Sie auf der Autobahn?

a. *Sobre la autopista hay una capa de hielo.*

1. *Acelera para llegar más rápido.*
2. *Frena y va más despacio.*
3. *Apaga las luces.*

b. *Oye la sirena de la policía.*

1. *Va más rápido.*
2. *Llama a la policía.*
3. *Va hacia la derecha.*

c. *La luz del coche está rota.*

1. *No importa.*
2. *Va a una gasolinera.*
3. *Conduce despacio.*

d. *Otro conductor hace señas indecentes.*

1. *Grita al otro conductor.*
2. *Llama a la policía.*
3. *Ignora al conductor y va con cuidado.*

e. *Suena su teléfono móvil.*

1. *Para y habla.*
2. *Habla y frena.*
3. *Habla y pone la radio.*

f. *Nota que está cansada.*

1. *Pone la música.*
2. *Toma mucho café.*
3. *Descansa un poco.*

106. ¡Dichos! Was bedeuten diese Redewendungen?

a. *Una persona está roja como un tomate.*
1. ◯ *Está morena.*
2. ◯ *Tiene vergüenza.*
3. ◯ *Está comiendo mucho.*

b. *Una persona no da golpe.*
1. ◯ *No es peligrosa.*
2. ◯ *No da cosas.*
3. ◯ *No trabaja mucho.*

c. *Una cosa no es del otro jueves.*
1. ◯ *Es una cosa de ayer.*
2. ◯ *Es una cosa conocida.*
3. ◯ *Es una cosa nueva.*

d. *Un pastel sabe a gloria.*
1. ◯ *Está fabricado por Gloria.*
2. ◯ *Sabe exquisito.*
3. ◯ *Es algo religioso.*

e. *Una persona vive de gorra.*
1. ◯ *Vive dentro de una gorra grande.*
2. ◯ *Tiene mucho dinero.*
3. ◯ *Vive con la ayuda de otras personas.*

f. *Una persona no da la cara.*
1. ◯ *Tiene miedo.*
2. ◯ *No quiere fotos suyas.*
3. ◯ *No quiere comprar cosas caras.*

Lösung 107: a. almuerzan b. duerme c. sueña d. mueve e. mientes f. pierde g. prueba h. produzco i. dirijo j. despiertan k. repite l. persigue m. ve n. llueve o. frío

Lösung 106: a. 2 b. 3 c. 2 d. 2 e. 3 f. 1

107. ¡Presente! Schreiben Sie die richtige Form dieser unregelmäßigen Verben!

a. *Los niños _ _ _ _ _ _ _ después de la escuela.*	**almorzar**
b. *Por la tarde Ana _ _ _ _ _ _ _ una siesta.*	**dormir**
c. *Petra _ _ _ _ _ _ _ con los bosques de Brasil.*	**soñar**
d. *El dinero _ _ _ _ _ _ _ el mundo.*	**mover**
e. *Si tú _ _ _ _ _ _ _, no te quiero.*	**mentir**
f. *Mi hijo _ _ _ _ _ _ _ siempre algo por el camino.*	**perder**
g. *El cocinero _ _ _ _ _ _ _ la sopa.*	**probar**
h. *En mi casa yo _ _ _ _ _ _ _ poca basura.*	**producir**
i. *Mañana yo _ _ _ _ _ _ _ el concierto.*	**dirigir**
j. *Las chicas se _ _ _ _ _ _ _ antes que los chicos.*	**despertarse**
k. *La profesora _ _ _ _ _ _ _ la pregunta.*	**repetir**
l. *La policía _ _ _ _ _ _ _ al gángster del banco.*	**perseguir**
m. *Mi padre _ _ _ _ _ _ _ las noticias en la tele.*	**ver**
n. *En invierno _ _ _ _ _ _ _ más que en verano.*	**llover**
o. *Cuando tengo hambre _ _ _ _ _ _ _ pescado.*	**freír**

108. ¡Somos casi iguales! Welche Wörter sind Synonyme?

a. cordial	parar
b. imprescindible	ebrio
c. relevar	complicado
d. detener	ocasión
e. descrédito	agradable
f. competente	consumo
g. borracho	necesario
h. concluir	cambiar
i. enfermo	desprestigio
j. rebaja	discutir
k. gasto	terminar
l. dueño	apto
m. complejo	usar
n. debatir	paciente
o. utilizar	amo

Lösung 109: a. dormilón b. enfadada c. rico d. tacaño e. amable f. delgada g. honrado h. imprudente i. fina j. exagerado k. tímido l. feliz m. veloz n. peligrosos o. sedienta

Lösung 108: a. cordial & agradable b. imprescindible & necesario c. relevar & cambiar d. detener & parar e. descrédito & desprestigio f. competente & apto g. borracho & ebrio h. concluir & terminar i. enfermo & paciente j. rebaja & ocasión k. gasto & consumo l. dueño & amo m. complejo & complicado n. debatir & discutir o. utilizar & usar

109. ¿Quien es quien? Welches Adjektiv passt zu den beschriebenen Personen?

a. *Justino se levanta siempre a las once.* →	*perezoso, dormilón, bruto, soso*
b. *Manuela está hoy de mal humor.* →	*lista, enfadada, cordial, cansada*
c. *El banquero tiene millones.* →	*inteligente, rico, pobre, vago*
d. *Este hombre no regala nunca nada.* →	*agradable, tacaño, limpio, serio*
e. *Mi hermano siempre ayuda a mi madre.* →	*listo, amable, anticuado, perfecto*
f. *La vendedora pesa unos cuarenta kilos.* →	*gorda, delgada, alta, baja*
g. *Arturo nunca roba en el trabajo.* →	*hipócrita, honrado, hábil, humilde*
h. *Ese chico conduce muy rápido y mal.* →	*deportista, imprudente, raro, apto*
i. *La profesora lleva siempre ropa de gala.* →	*famosa, fina, fiel, fatal*
j. *Silvio se come dos kilos de peras al día.* →	*fuerte, exagerado, nervioso, gracioso*
k. *Julio se pone rojo cuando el profesor le pregunta.* →	*cortés, atractivo, tímido, tranquilo*
l. *Juana está siempre contenta.* →	*triste, feliz, valiente, cursi*
m. *Este atleta es más rápido que una bicicleta.* →	*lento, largo, veloz, pesado*
n. *Nuestros vecinos tienen un revólver americano.* →	*justos, peligrosos, sinceros, sociales*
o. *Hoy Olivia no ha bebido mucho.* →	*hambrienta, cansada, sedienta, seca*

110. ¿Qué son? Welche Bedeutung haben die folgenden Begriffe?

a. *Una anciana* ....
1. ◯ *Una persona antigua*
2. ◯ *Una persona con ansiedad*
3. ◯ *Una persona mayor*

b. *Un cura* ....
1. ◯ *Empleado de hospital*
2. ◯ *Empleado de iglesia*
3. ◯ *Empleado de balneario*

c. *Un cochecama* ....
1. ◯ *Un coche con cama dentro*
2. ◯ *Una cama con ruedas*
3. ◯ *Un coche con forma de cama*

d. *Un manzano* ....
1. ◯ *Una manzana masculina*
2. ◯ *Un hombre que vende manzanas*
3. ◯ *El árbol de la manzana*

e. *Un salario* ....
1. ◯ *Dinero de los obreros*
2. ◯ *Un saco de sal*
3. ◯ *Una fábrica de sal*

f. *Una raqueta* ....
1. ◯ *Un instrumento de guerra*
2. ◯ *Un vaso de licor turco*
3. ◯ *Un objeto para jugar al tenis*

Lösung 111: a. inferior & superior b. mayor & menor c. despacio & de prisa d. adelante & atrás e. anterior & posterior f. inlcuso & excepto g. hábil & torpe h. antiguo & moderno i. aceptar & rechazar j. peor & mejor k. desnudarse & vestirse l. continuar & parar m. acercarse & alejarse n. disminuir & aumentar o. sumar & restar

Lösung 110: a. 3 b. 2 c. 1 d. 3 e. 1 f. 3

111. Rico & pobre Verbinden Sie die zusammengehörigen Gegenteile!

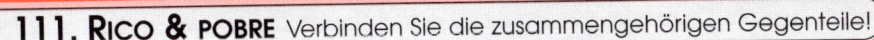

a. inferior	mejor
b. mayor	posterior
c. despacio	vestirse
d. adelante	excepto
e. anterior	rechazar
f. incluso	superior
g. hábil	parar
h. antiguo	aumentar
i. aceptar	de prisa
j. peor	moderno
k. desnudarse	menor
l. continuar	torpe
m. acercarse	alejarse
n. disminuir	atrás
o. sumar	restar

112. ¿De qué es? Woraus sind die angegebenen Produkte hergestellt?

a. una camisa	◯ madera
b. un lápiz	◯ papel
c. la mermelada	◯ leche
d. un cuaderno	◯ cuero
e. unas tijeras	◯ goma
f. una cartera	◯ tela
g. un estuche de CD	◯ carne
h. un traje de submarinista	◯ plumas
i. una chuleta	◯ plástico
j. el contenido de una almohada	◯ hielo
k. una iglesia románica	◯ cristal
l. el queso	◯ fruta
m. el pan	◯ metal
n. un vaso	◯ piedra
o. un iglú	◯ harina

Lösung 113: a. en una plaza b. en una iglesia c. en un juzgado d. en el parlamento e. en un taller f. en un cuartel g. en la bolsa h. en una tabacalera i. en una notaría j. en una óptica k. en un cementerio l. en una imprenta m. en un campo deportivo n. en el ayuntamiento o. en una comisaría

Lösung 112: a. tela b. madera c. fruta d. papel e. metal f. cuero g. plástico h. goma i. carne j. plumas k. piedra l. leche m. harina n. cristal o. hielo

113. ¿DÓNDE ES? Wo finden die folgenden Ereignisse statt?

a. una fiesta popular	*__ en un taller*
b. una boda	*__ en el ayuntamiento*
c. un proceso judicial	*__ en un campo deportivo*
d. una discusión parlamentaria	*__ en la bolsa*
e. una reparación de coche	*__ en una plaza*
f. el servicio militar	*__ en una óptica*
g. la venta de acciones de empresas	*__ en una notaría*
h. la fabricación de cigarrillos	*__ en una imprenta*
i. la firma de un contrato de compra de casa	*__ en un cementerio*
j. la reparación de unas gafas	*__ en una iglesia*
k. un entierro (cuando una persona se muere)	*__ en un cuartel*
l. la preparación de un libro para vender	*__ en una tabacalera*
m. una competición de atletismo	*__ en un juzgado*
n. la coordinación de los servicios en una ciudad	*__ en una comisaría*
o. el interrogatorio policial a una persona que ha robado	*__ en el parlamento*

114. ¿Mientras, durante? Welches Adverb ist richtig?

a. ________ esta semana he estudiado mucho español.
b. ________ yo hago la compra, tú vas a jugar con los niños.
c. En la Sierra Nevada llueve también ________ el verano.
d. Esta mujer ha limpiado oficinas ________ toda su vida.
e. ________ el alcalde de la ciudad trabaja, los ciudadanos duermen.
f. ________ un proceso judicial, los abogados hablan mucho.
g. No es bueno salir a la calle ________ la noche.
h. ________ es de noche, normalmente estoy en casa.
i. Pero ________ el día casi nunca me quedo dentro de casa.
j. Tenemos que concentrarnos ________ la realización del ejercicio.
k. Tenemos que concentrarnos ________ realizamos el ejercicio.
l. Los animales también sueñan ________ duermen.
m. ________ la comida de gala un invitado ha estado borracho.
n. No sé qué hacer ________ mis próximas vacaciones.
o. A veces veo televisión ________ hablo por teléfono.

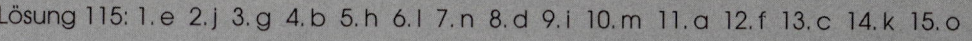

Lösung 115: 1. e 2. j 3. g 4. b 5. h 6. l 7. n 8. d 9. i 10. m 11. a 12. f 13. c 14. k 15. o

Lösung 114: a. durante b. mientras c. durante d. durante e. mientras f. durante g. durante h. mientras i. durante j. durante k. mientras l. mientras m. durante n. durante o. mientras

115. ¡La tortilla española! Wie bereitet man eine Tortilla zu?

a.	*Ponemos la mezcla en la sartén.*	1.	
b.	*Tomamos unos huevos.*	2.	
c.	*Sacamos la tortilla de la sartén.*	3.	
d.	*Sacamos las papas y la cebolla de la sartén.*	4.	
e.	*Compramos los ingredientes.*	5.	
f.	*Esperamos hasta que la tortilla está hecha.*	6.	
g.	*Ponemos las papas y la cebolla a freír.*	7.	
h.	*Batimos los huevos.*	8.	
i.	*Dejamos enfriar las papas y la cebolla.*	9.	
j.	*Pelamos las papas y la cebolla.*	10.	
k.	*Ponemos la tortilla en un plato.*	11.	
l.	*Añadimos sal a los huevos.*	12.	
m.	*Mezclamos las papas y la cebolla con los huevos.*	13.	
n.	*También podemos añadir un poco de atún con la sal.*	14.	
o.	*Nos comemos la tortilla.*	15.	

116. ¿Caer, caerse? Ergänzen Sie die Sätze mit dem richtigen Verb!

a. En invierno nosotros ________ nueve horas al día.
b. Los niños a veces ________ al suelo.
c. Cuando veo la tele ________ muy rápido.
d. Siempre ________ a las ocho con un despertador.
e. ¡Cuidado! Los niños ________. No hables.
f. Las manzanas ________ de los árboles.
g. Si no llegas pronto, ________ al bar.
h. Creo que alguien ________ por teléfono.
i. ¿Quién de vosotros ________ Andreas?
j. El policía ________ los coches si hay peligro.
k. Si camino rápido, nunca ________ para ver escaparates.
l. Si buscas algo, siempre ________ algo.
m. En la nevera no ________ nada de leche.
n. Cuando hace mal tiempo, ________ en casa y leo.
o. ¿María, ________ tú y yo en la plaza a las diez?

caer
caerse
despertar
despertarse
dormir
dormirse
encontrar
encontrarse
irse
llamar
llamarse
parar
pararse
quedar
quedarse

Lösung 117: a. hablaba b. iba c. aprendían d. acostábamos e. vestíamos f. tenían g. vivía h. eran i. había j. costaba k. salían l. jugaban m. abrían n. traía o. existían

Lösung 116: a. dormimos b. se caen c. me duermo d. me despierto e. duermen f. caen g. me voy h. llama i. se llama j. para k. me paro l. encuentras m. queda n. me quedo o. nos encontramos

117. ¡ANTES...! Benutzen Sie die richtige Form des Pretérito Imperfecto!

a. *Antes no se _ _ _ _ _ _ _ _ inglés en todo el mundo.*
b. *La gente nunca _ _ _ _ _ _ _ _ de vacaciones al Caribe.*
c. *Los estudiantes no _ _ _ _ _ _ _ _ muchos años.*
d. *Por las noches nos _ _ _ _ _ _ _ _ temprano.*
e. *Los días de fiesta nosotros _ _ _ _ _ _ _ _ elegantemente.*
f. *Las mujeres no _ _ _ _ _ _ _ _ tantos derecho.*
g. *Un perro no _ _ _ _ _ _ _ _ dentro de la casa.*
h. *Las universidades no _ _ _ _ _ _ _ _ tan grandes.*
i. *En Alemania no _ _ _ _ _ _ _ _ autopistas.*
j. *La comida no _ _ _ _ _ _ _ _ tanto dinero.*
k. *Las personas _ _ _ _ _ _ _ _ más a la calle.*
l. *Los niños _ _ _ _ _ _ _ _ más al fútbol.*
m. *Las tiendas _ _ _ _ _ _ _ _ diez horas al día.*
n. *Un trabajador no _ _ _ _ _ _ _ _ mucho dinero a casa.*
o. *Los aviones no _ _ _ _ _ _ _ _.*

iba
acostábamos
tenían
vivía
hablaba
abrían
aprendían
costaba
vestíamos
salían
había
eran
existían
jugaban
traía

118. EN EL CINE Was fragen Sie im Kino?

a. Quiere saber el título de la película de hoy.

1. ◯ ¿Qué película ponen hoy?
2. ◯ ¿Qué película es hoy?
3. ◯ ¿Qué film muestra hoy?

b. Quiere saber si la película es muy larga.

1. ◯ ¿Cuánto larga es la película?
2. ◯ ¿Cuánto tiempo es la película?
3. ◯ ¿Cuánto dura la película?

c. La persona a su derecha habla muy alto.

1. ◯ No hable.
2. ◯ No podemos oír la película.
3. ◯ ¿Qué dice?

d. Delante hay una persona muy grande.

1. ◯ ¿No puedo ver?
2. ◯ ¿Puede bajar la cabeza?
3. ◯ ¿Puede bajarse un poco?

e. Quiere irse antes del fin de la película.

1. ◯ ¿Dónde es la salida?
2. ◯ ¿Dónde está la salida?
3. ◯ ¿Dónde hay salida?

f. Alguien pregunta por el tema de la película.

1. ◯ Trata de policías y ladrones.
2. ◯ Está de policías y ladrones.
3. ◯ Son policías y ladrones.

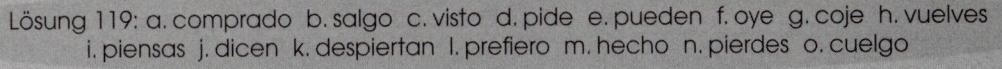

Lösung 119: a. comprado b. salgo c. visto d. pide e. pueden f. oye g. coje h. vuelves i. piensas j. dicen k. despiertan l. prefiero m. hecho n. pierdes o. cuelgo

Lösung 118: a. 1 b. 3 c. 2 d. 3 e. 2 f. 1

119. ¡IRREGULARES! Welche Verbform ist richtig?

a.	Esta mañana mis padres han ______ un perro.	compran, comprado, compraban
b.	Los domingos ______ con amigos.	salgo, salio, salo
c.	En Granada he ______ la Alhambra.	vio, vido, visto
d.	Un hombre ______ dinero en la calle.	pede, pide, pedi
e.	Los caballos ______ correr muy rápido.	poden, puden, pueden
f.	Mi vecino ______ la música muy alta.	oie, oi, oye
g.	Contra la lluvia se ______ el paraguas.	coge, coje, cogue
h.	¿A qué hora ______ hoy del trabajo?	vuelves, volves, vulves
i.	¿Qué ______ tú de la reforma de asilo político?	piensas, pensas, pienses
j.	Las mujeres siempre ______ la verdad.	decen, diecen, dicen
k.	Los políticos se ______ a las seis de la mañana.	despiertan, despertan, despirtan
l.	No me gusta la montaña; ______ el mar.	prefiero, prefero, prifiero
m.	¿Has ______ ya el trabajo para mañana?	hacido, hecho, hechido
n.	Si ______ las llaves, no puedes entrar en la casa.	perdes, pierdes, perdis
o.	Después de telefonear, ______ el auricular.	colgo, colgue, cuelgo

120. ¡BÚSCAME! Welches Wort passt nicht zu den anderen?

a. *almohada, manta, sábana, pared*

b. *telefax, radio, copiadora, impresora*

c. *bicicleta, motocicleta, chuleta, submarino*

d. *cortina, sillón, espejo, pasillo*

e. *acera, esquina, rincón, lado*

f. *sótano, fuente, techo, terraza*

g. *cuchillo, navaja, cuchara, hacha*

h. *sartén, escalera, batidora, sacacorchos*

i. *tarta, pastel, dulce, tostada*

j. *peine, máquina, instrumento, aparato*

k. *piloto, chófer, revisor, constructor*

l. *camión, tractor, traductor, tranvía*

m. *canoa, barco, barca, burro*

n. *flauta, violín, guitarra, laúd*

o. *geranio, orquídea, margarita, flor*

Lösung 121: a. preparada b. inteligente c. no muerta d. despierta, no tonta e. sorprendida f. con piel blanca g. enferma, por ejemplo con fiebre h. tiene malas ideas i. no ser vieja j. sin consideración, sin respeto k. con ideas extrañas últimamente l. con enfermedad síquica m. con cuerpo y ropa limpios n. hace todo con limpieza

Lösung 120: a. pared b. radio c. chuleta d. pasillo e. acera f. fuente g. cuchara h. escalera i. tostada j. peine k. constructor l. traductor m. burro n. flauta o. flor

121. ¡Ser y estar! Welche Konstruktionen bedeuten dasselbe?

a. *estar lista una persona*	◡ *no muerta*
b. *ser lista una persona*	◡ *con ideas extrañas últimamente*
c. *estar viva una persona*	◡ *inteligente*
d. *ser viva una persona*	◡ *enferma, por ejemplo con fiebre*
e. *estar blanca una persona*	◡ *no ser vieja*
f. *ser blanca una persona*	◡ *sin consideración, sin respeto*
g. *estar mala una persona*	◡ *despierta, no tonta*
h. *ser mala una persona*	◡ *preparada*
i. *estar fresca una cosa*	◡ *con enfermedad síquica*
j. *ser una persona fresca*	◡ *hace todo con limpieza*
k. *estar loca una persona*	◡ *sorprendida*
l. *ser loca una persona*	◡ *con piel blanca*
m. *estar limpia una persona o cosa*	◡ *con cuerpo y ropa limpios*
n. *ser limpia una persona*	◡ *tiene malas ideas*

122. ¿Qué tema es? Worum handelt es sich?

a. *La altura de los edificios es enorme.*	◯ *comunicación*
b. *Con grandes redes tenemos más sardinas.*	◯ *pintura*
c. *En Toledo se fabrican estatuas de metal.*	◯ *lingüística*
d. *Una antena parabólica trabaja con satélite.*	◯ *medicina*
e. *Un rectángulo tiene cuatro lados.*	◯ *jardinería*
f. *Los adjetivos están cerca de los sustantivos.*	◯ *arquitectura*
g. *Los cuadros están expuestos en el museo.*	◯ *electricidad*
h. *La luna y las estrellas están en el espacio.*	◯ *pesca*
i. *Para curar una gripe es importante la cama.*	◯ *política*
j. *Las rosas rojas y los geranios blancos son hermosos.*	◯ *artesanía*
k. *El banco central ha subido el interés del dinero.*	◯ *meteorología*
l. *Los principales partidos gobiernan en coalición.*	◯ *matemáticas*
m. *La temperatura ha bajado esta mañana.*	◯ *geografía*
n. *Un valle es un terreno entre dos montañas.*	◯ *astronomía*
o. *Con dos cables y una bombilla tenemos luz.*	◯ *economía*

Lösung 123: a. 1 b. 3 c. 1 d. 3 e. 2 f. 2

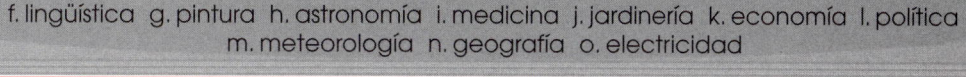

Lösung 122: a. arquitectura b. pesca c. artesanía d. comunicación e. matemáticas f. lingüística g. pintura h. astronomía i. medicina j. jardinería k. economía l. política m. meteorología n. geografía o. electricidad

123. ¡Compuestos! Was bedeuten die folgenden zusammengesetzten Begriffe?

a. *Un sofá-cama*

1. *Un sofá que puede servir de cama*
2. *Una cama que puede servir de sofá*
3. *Un sofá con forma de cama*

Una fotonovela

- *Una foto en una novela*
- *Una revista con fotos*
- *Una novela breve con fotos*

b. *Una persona pelirroja*

1. *Con la piel roja.*
2. *Con la piel y el pelo rojos*
3. *Con el pelo rojo*

Una falda pantalón

- *Una falda y un pantalón*
- *Una falda con forma de pantalón*
- *Un pantalón corto*

c. *Una coliflor*

1. *Un tipo de col*
2. *La flor de la col*
3. *Una col con flores*

Un hipermercado

- *Mercado donde se vende hiper*
- *Un gran supermercado*
- *Un supermercado al aire libre*

124. ¿DÓNDE ES? Ergänzen Sie das richtige Wort!

a. *Juan se sienta en esta _ _ _ _ _ _ _ _ si está cansado.*	**arena**
b. *En ese _ _ _ _ _ _ _ _ puedes comprar sellos.*	**azúcar**
c. *Con una _ _ _ _ _ _ _ _ de crédito pagamos sin dinero.*	**billete**
d. *En Occidente se come con y cuchillo y _ _ _ _ _ _ _ _.*	**buzón**
e. *Las dunas son normalmente de _ _ _ _ _ _ _ _.*	**cama**
f. *Después de los calcetines nos ponemos los _ _ _ _ _ _ _ _.*	**escuela**
g. *Con un _ _ _ _ _ _ _ _ de mil marcos vamos a Nueva York.*	**estanco**
h. *Después de poner un sello, ponemos la carta en un _ _ _ _ _ _ _ _.*	**mapa**
i. *En un _ _ _ _ _ _ _ _ vemos las carreteras de un país.*	**silla**
j. *Si queremos dormir necesitamos una _ _ _ _ _ _ _ _.*	**taller**
k. *En una _ _ _ _ _ _ _ _ de idiomas aprendemos una lengua.*	**tarjeta**
l. *En un apartamento, la luz entra por la _ _ _ _ _ _ _ _.*	**tenedor**
m. *Después de la ducha necesitamos una _ _ _ _ _ _ _ _.*	**toalla**
n. *Si el café está amargo, ponemos _ _ _ _ _ _ _ _.*	**ventana**
o. *Si el coche se rompe por el camino, vamos a un _ _ _ _ _ _ _ _.*	**zapatos**

Lösung 125: a. artista b. guitarrista c. bañista d. oficinista e. cocinero f. pintor g. turista h. deportista i. coleccionista j. cantante k. taxista l. comunista m. electricista n. periodista o. pacifista

Lösung 124: a. silla b. estanco c. tarjeta d. tenedor e. arena f. zapatos g. billete h. buzón i. mapa j. cama k. escuela l. vetana m. toalla n. azúcar o. taller

125. ¿Quién es? Wie nennt man die Personen, die die folgenden Tätigkeiten ausüben?

a. *La persona que practica un arte.* → __________
b. *La persona que toca la guitarra.* → __________
c. *La persona que se baña.* → __________
d. *La persona que trabaja en una oficina.* → __________
e. *La persona que trabaja en una cocina.* → __________
f. *La persona que pinta cuadros.* → __________
g. *La persona que practica el turismo.* → __________
h. *La persona que hace deporte.* → __________
i. *La persona que colecciona algo.* → __________
j. *La persona que canta canciones.* → __________
k. *La persona que conduce un taxi.* → __________
l. *La persona que quiere el comunismo.* → __________
m. *La persona que trabaja con la electricidad.* → __________
n. *La persona que escribe para un periódico.* → __________
o. *La persona que lucha por la paz.* → __________

126. ¡BÚSCAME! Welches Wort passt nicht zu den anderen?

a. *letra, palabra, frase, fresa*

b. *almanaque, fecha, calendario, agenda*

c. *compra, venta, crédito, alquiler*

d. *piedra, roque, cemento, montaña*

e. *hoja, tronco, rama, ojo*

f. *sal, pimienta, pimentón, pimiento*

g. *pasta, arroz, patata, ajo*

h. *semanal, día, mensual, anual*

i. *pistola, cuchillo, cañón, explosión*

j. *nombre, número, cifra, dígito*

k. *tarjeta, billete, carnet, postal*

l. *ventanilla, taquilla, pastilla, caja*

m. *espada, salida, llegada, parada*

n. *comienzo, término, proceso, camino*

o. *futuro, pasado, distancia, presente*

Lösung 127: a. alegre b. triste c. tranquilo d. activo e. aventurero f. peligroso g. ilegal h. amable i. saludable j. relajante k. sangriento l. valiente m. cariñoso n. glotón o. enfadado

Lösung 126: a. fresa b. fecha c. crédito d. cemento e. ojo f. pimiento g. ajo h. día i. explosión j. nombre k. postal l. pastilla m. espada n. camino o. distancia

127. ¿QUÉ ESTÁ HACIENDO? Welches Adjektiv passt zu den beschriebenen Handlungen?

a. *sonreír*	◡ *amable*
b. *llorar*	◡ *activo*
c. *dormir*	◡ *cariñoso*
d. *nadar*	◡ *ilegal*
e. *descubrir*	◡ *alegre*
f. *pelear*	◡ *tranquilo*
g. *robar*	◡ *valiente*
h. *ayudar*	◡ *triste*
i. *beber*	◡ *enfadado*
j. *observar el mar*	◡ *aventurero*
k. *observar la corrida de toros*	◡ *glotón*
l. *defender a una mujer*	◡ *saludable*
m. *abrazar a una mujer*	◡ *peligroso*
n. *comer demasiado*	◡ *sangriento*
o. *gritar a otras personas*	◡ *relajante*

128. ¡Somos casi iguales! Welche Verbe sind Synonyme?

a. continuar	___ introducir
b. descender	___ comprar
c. marcharse	___ avergonzarse
d. meter	___ unirse
e. agarrar	___ bajar
f. adquirir	___ edificar
g. enrojecerse	___ gustar
h. construir	___ seguir
i. celebrar	___ irse
j. encantar	___ lamentarse
k. juntarse	___ desagradar
l. pararse	___ coger
m. quejarse	___ calmar
n. molestar	___ festejar
o. tranquilizar	___ detenerse

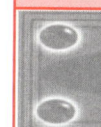

Lösung 129: a. madrugada b. nada c. luego d. seguro e. peor f. algo g. como h. solamente i. tarde j. anteayer k. cuántos l. adentro m. abajo n. bien o. nunca

Lösung 128: a. continuar & seguir b. descender & bajar c. marcharse & irse d. meter & introducir e. agarrar & coger f. adquirir & comprar g. enrojecerse & avergonzarse h. construir & edificar i. celebrar & festejar j. encantar & gustar k. juntarse & unirse l. pararse & detenerse m. quejarse & lamentarse n. molestar & desagradar o. tranquilizar & calmar

129. ¡Ayer, luego, ... ! Welches Adverb ist das richtige?

a.	*En verano, el sol sale a las cinco de la _ _ _ _ _ _ _ _.*	**abajo**
b.	*Hoy no tengo _ _ _ _ _ _ _ _ para comer en la nevera.*	**anteayer**
c.	*Ahora no puedo ir; voy a ir _ _ _ _ _ _ _ _.*	**madrugada**
d.	*No estoy _ _ _ _ _ _ _ _, pero creo que son las nueve.*	**solamente**
e.	*No beber es _ _ _ _ _ _ _ _ que no comer.*	**tarde**
f.	*¿Tiene _ _ _ _ _ _ _ _ contra el dolor de estómago?*	**cuanto**
g.	*De esta forma es _ _ _ _ _ _ _ _ tenemos que hacer la comida.*	**nunca**
h.	*Caminamos _ _ _ _ _ _ _ _ cinco minutos hasta la estación.*	**nada**
i.	*Ya es muy _ _ _ _ _ _ _ _; vamos a volver a casa.*	**adentro**
j.	*El día antes de ayer se llama _ _ _ _ _ _ _ _.*	**luego**
k.	*¿ _ _ _ _ _ _ _ _ años tiene usted?*	**bien**
l.	*Vamos para _ _ _ _ _ _ _ _, a la casa, porque hace frío.*	**algo**
m.	*¿De donde viene el ruido, de arriba o de _ _ _ _ _ _ _ _?*	**peor**
n.	*¿Cómo está usted, _ _ _ _ _ _ _ _ o solamente regular?*	**seguro**
o.	*Por desgracia, _ _ _ _ _ _ _ _ hemos estado en Galicia.*	**como**

130. ¡A PREGUNTAR! Stellen Sie die entsprechende Frage!

a. *Voy a ir a nadar.*

1. ◯ *¿Dónde vas a ir?*
2. ◯ *¿Adónde vas a nadar?*
3. ◯ *¿Adónde vas a ir?*

b. *Ahora vengo de un viaje a Inglaterra.*

1. ◯ *¿Adónde vienes ahora?*
2. ◯ *¿De dónde vienes ahora?*
3. ◯ *¿Adónde viajas ahora?*

c. *Llevo este bolso a Ricardo.*

1. ◯ *¿Quién lleva este bolso?*
2. ◯ *¿Para qué llevas este bolso?*
3. ◯ *¿A quién llevas este bolso?*

d. *Los exámenes son en el mes de julio.*

1. ◯ *¿En cuándo son los exámenes?*
2. ◯ *¿Cuándo son los exámenes?*
3. ◯ *¿Cuánto son los exámenes?*

e. *De esta forma me gusta más vivir.*

1. ◯ *¿Cómo te gusta más vivir?*
2. ◯ *¿Cuál forma te gusta más vivir?*
3. ◯ *¿Qué te gusta más?*

f. *Nuestras mesas están hechas de madera.*

1. ◯ *¿Qué están hechas nuestras mesas?*
2. ◯ *¿Cómo están nuestras mesas?*
3. ◯ *¿De qué están hechas nuestras mesas?*

Lösung 131: a. silencio & ruido b. ocupación & ocio c. libertad & esclavitud d. miseria & riqueza e. pérdida & ganancia f. luz & oscuridad g. paciencia & impaciencia h. juventud & vejez i. hombre & mujer j. guerra & paz k. resta & suma l. salida & entrada m. diversión & aburrimiento n. abundancia & escasez o. alegría & tristeza

Lösung 130: a. 3 b. 2 c. 3 d. 2 e. 1 f. 3

131. INFERIOR & SUPERIOR Verbinden Sie die zusammengehörigen Gegenteile!

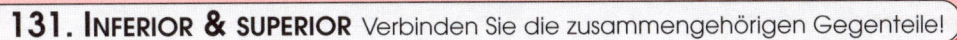

a. silencio	ganancia
b. ocupación	impaciencia
c. libertad	vejez
d. miseria	ocio
e. pérdida	aburrimiento
f. luz	ruido
g. paciencia	escasez
h. juventud	entrada
i. hombre	esclavitud
j. guerra	tristeza
k. resta	oscuridad
l. salida	riqueza
m. diversión	paz
n. abundancia	mujer
o alegría	suma

132. ¡NÚMEROS! Welche Zahlen gehören zu welchen Ausdrücken?

a. habitantes de Alemania	ochenta y cinco
b. sueldo de un trabajador	doscientos setenta y cinco
c. vida media de una persona	trescientos millones
d. kilómetros por hora en un coche normal	veintitrés
e. habitantes de España	ochenta millones
f. precio en marcos de unos buenos pantalones	ocho mil
g. personas que hablan español en el mundo	quinientos noventa y ocho
h. kilómetros entre Hamburgo y Múnich	cuatro mil
i. temperatura del agua de Málaga en verano	cuarenta millones
j. altura del monte Everest	ciento setenta
k. horas de la semana	cincuenta y tres
l. semanas del año	setecientos ochenta y dos
m. habitantes de la tierra	mil cuatrocientos noventa y dos
n. distancia entre Berlín y Bonn	cinco mil millones
o. descubrimiento de América	ciento sesenta y ocho

Lösung 133: a. instrumento & musical b. pez & marino c. autobús & urbano d. división & matemática e. vivienda & familiar f. urbanización & turística g. capitán & militar h. brazo & enfermo i. champán & seco j. contrato & laboral k. cultivo & agrícola l. movimiento & mecánico m. té & tranquilizante n. melón & maduro o. océano & profundo

Lösung 132: a. ochenta millones b. cuatro mil c. ochenta y cinco d. ciento setenta e. cuarenta millones f. doscientos setenta y cinco g. trescientos millones h. setecientos ochenta y dos i. veintitrés j. ocho mil k. ciento sesenta y ocho l. cincuenta y tres m. cinco mil millones n. quinientos noventa y ocho o. mil cuatrocientos noventa y dos

133. Sustantivo y adjetivo Welches Adjektiv gehört zu welchem Substantiv?

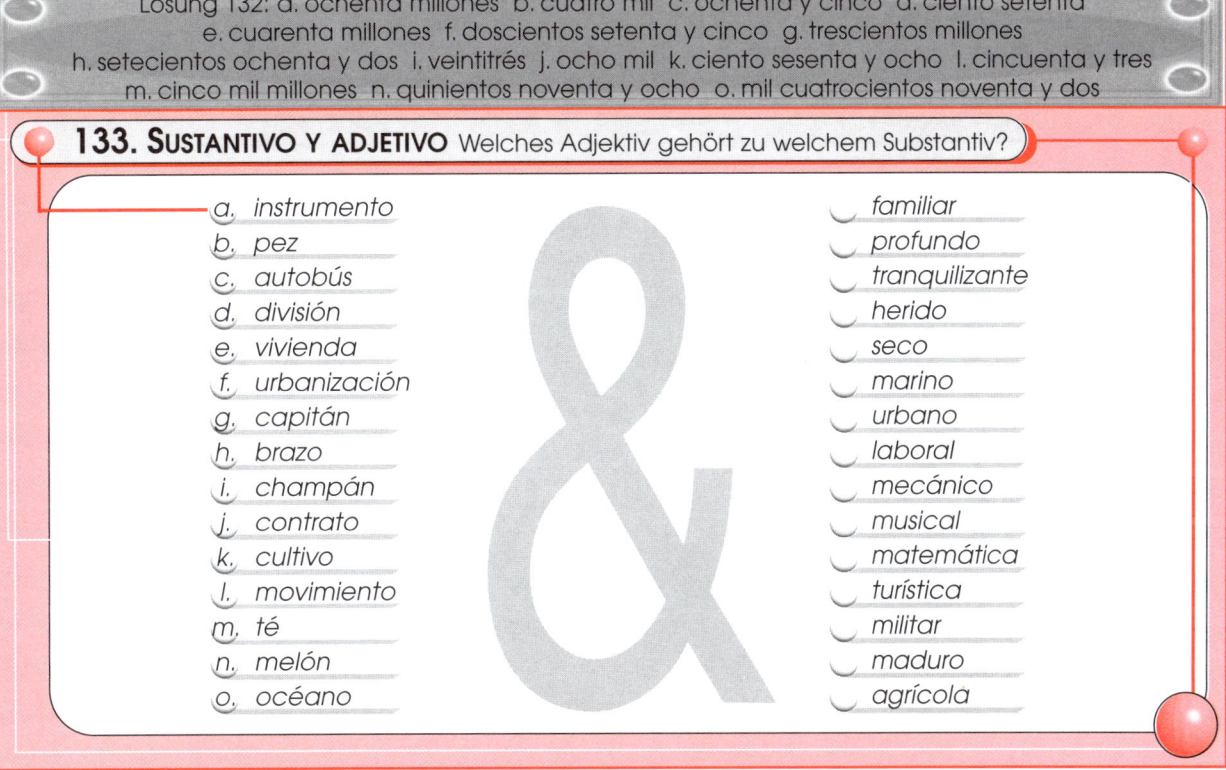

a. *instrumento*	*familiar*
b. *pez*	*profundo*
c. *autobús*	*tranquilizante*
d. *división*	*herido*
e. *vivienda*	*seco*
f. *urbanización*	*marino*
g. *capitán*	*urbano*
h. *brazo*	*laboral*
i. *champán*	*mecánico*
j. *contrato*	*musical*
k. *cultivo*	*matemática*
l. *movimiento*	*turística*
m. *té*	*militar*
n. *melón*	*maduro*
o. *océano*	*agrícola*

134. ¡NEGACIÓN! Wie werden folgende Äußerungen verneint?

a. Los trenes son siempre puntuales.

1. ○ Los trenes son no siempre puntuales.
2. ○ Los trenes no son puntuales.
3. ○ Los trenes no son nunca puntuales.

b. Yo he visto algo en la calle.

1. ○ Yo he no visto nada en la calle.
2. ○ Yo no he visto nada en la calle.
3. ○ Yo no he visto algo en la calle.

c. Aquí hay alguien que sabe tocar el piano.

1. ○ Aqui hay nadie que sabe tocar el piano.
2. ○ Aquí nadie hay que sabe tocar el piano.
3. ○ Aquí no hay nadie que sabe tocar el piano.

d. Ella tiene algún enemigo.

1. ○ Ella tiene ninguno enemigo.
2. ○ Ella no tiene ningún enemigo.
3. ○ Ella tiene ningún enemigo.

e. El se mira alguna vez en el espejo.

1. ○ El se no mira ninguna vez en el espejo.
2. ○ El ningún vez se mira en el espejo.
3. ○ El no se mira nunca en el espejo.

f. Mañana vienen todos a la fiesta.

1. ○ Mañana no vienen todos a la fiesta.
2. ○ Mañana no viene alguien a la fiesta.
3. ○ Mañana no viene nadie a la fiesta.

Lösung 135: a. encima de la mesa b. en casa de mi amiga c. me preguntó mi nombre
d. cierran a las ocho e. voy a comprar un ordenador f. oigo la radio g. una película en la tele
h. hay muchos toros i. debes trabajar j. se llaman guaguas k. tienen la piel morena l. antes de
las diez de la noche m. el campo y no la playa n. fue en tierras francesas o. una siesta

Lösung 134: a. 3 b. 2 c. 3 d. 2 e. 3 f. 3

135. ¡COMPLÉTAME! Verbinden Sie die Satzhälften!

a. *El periódico está*	*voy a comprar un ordenador.*
b. *La fiesta fue*	*oigo la radio.*
c. *El policía*	*una película en la tele.*
d. *Las tiendas en España*	*en casa de mi amiga.*
e. *La próxima semana*	*debes trabajar.*
f. *Siempre después de desayunar*	*se llaman guaguas.*
g. *Anoche vimos*	*encima de la mesa.*
h. *En Andalucía*	*cierran a las ocho.*
i. *Si no tienes dinero*	*me preguntó mi nombre.*
j. *Los autobuses en Canarias*	*antes de las diez de la noche.*
k. *Los peruanos*	*fue en tierras francesas.*
l. *Los niños se acuestan*	*una siesta.*
m. *Mucha gente prefiere*	*hay muchos toros.*
n. *El mundial de fútbol*	*tienen la piel morena.*
o. *Después de comer dormimos*	*el campo y no la playa.*

136. ¡BÚSCAME! Welches Wort passt nicht zu den anderen?

a. empleado, obrero, trabajador, director

b. impuesto, seguro, alquiler, regalo

c. filial, sucursal, empresa, lugar

d. salida, oficina, despacho, recepción

e. puesto, entrada, sitio, asiento

f. oficial, privado, público, principal

g. musical, electoral, estatal, comunal

h. entrevista, busca, responsabilidad, contrato

i. compañero, colega, copiloto, amigo

j. ascenso, descenso, paro, traslado

k. vejez, jubilación, vacaciones, despido

l. cita, encuentro, charla, reunión

m. provisión, comisión, dieta, gasto

n. afición, hobby, gusto, obligación

o. compra, inversión, ahorro, juego

Lösung 137: a. ... permiso de fin de semana b. ... pegar a los niños c. ... la cabeza, duerme un poco d. ... dura en España doce años e. ... de vivir con poca agua f. ... intercambian los anillos g. ... no pueden entrar a los departamentos h. ... tienen flores i. .. cuesta más que una carta normal j. ... hay que practicar mucho k. ... las antiguas monedas desaparecen l. ... no es igual que el de las personas m. ... tienen mucho estrés n. se puede quemar la piel o. ... no llega la carta

Lösung 136: a. director b. regalo c. lugar d. salida e. entrada f. principal g. musical h. busca i. copiloto j. paro k. vacaciones l. charla m. gasto n. obligación o. juego

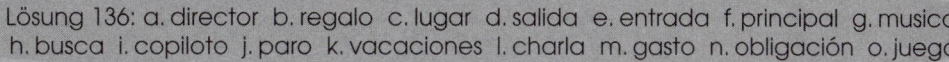

137. ¡COMPLÉTAME! Ergänzen Sie die angefangenen Sätze!

a. *Muchos soldados tienen*	◡ *dura en España doce años.*
b. *No me parece bien*	◡ *no pueden entrar a los departamentos.*
c. *Si te duele*	◡ *cuesta más que una carta normal.*
d. *La educación escolar*	◡ *intercambian los anillos.*
e. *Los cactus son capaces*	◡ *no es igual que el de las personas.*
f. *En la boda, los novios*	◡ *permiso de fin de semana.*
g. *Las personas ajenas a la empresa*	◡ *hay que practicar mucho.*
h. *En febrero los almendros*	◡ *las antiguas monedas desaparecen.*
i. *Una carta urgente*	◡ *la cabeza, duerme un poco.*
j. *Para tocar bien un instrumento*	◡ *se puede quemar la piel.*
k. *Con la llegada del euro*	◡ *pegar a los niños.*
l. *El saludo de los animales*	◡ *de vivir con poca agua.*
m. *Los responsables de la política*	◡ *tienen flores.*
n. *Si estás mucho tiempo en el sol*	◡ *no llega la carta.*
o. *Si no escribes la dirección en el sobre*	◡ *tienen mucho estrés.*

138. ¡Futuro! Ersetzen Sie die unterstrichene Form durch die richtige Futurform!

a. Mañana <u>voy a ir</u> al cine.	______	**vendréis**
b. <u>Vamos a ver</u> la puesta de sol.	______	**tendré**
c. ¿<u>Vais a venir</u> a la hora de comer?	______	**diré**
d. ¿<u>Vas a poder</u> hacer los ejercicios solo?	______	**viajaré**
e. El fin de semana <u>voy a tener</u> visita.	______	**venderé**
f. Después de leer el periódico <u>voy a saber</u> más.	______	**veremos**
g. Te <u>voy a decir</u> una cosa.	______	**iré**
h. ¿<u>Vas a caminar</u> por los Alpes este año?	______	**oiré**
i. <u>Voy a vender</u> mi coche viejo.	______	**pondré**
j. No sé donde <u>voy a poner</u> estas flores.	______	**podrás**
k. En mis vacaciones <u>voy a viajar</u> a Francia.	______	**será**
l. ¿Qué <u>vas a hacer</u> esta noche?	______	**caminarás**
m. Esta noche <u>voy a salir</u> a dar un paseo.	______	**sabré**
n. ¿Quién <u>va a ser</u> el canciller en el año dos mil?	______	**saldré**
o. Yo creo que <u>voy a oír</u> un poco de música.	______	**harás**

Lösung 139: a. richtig b. falsch c. falsch d. richtig e. falsch f. richtig g. richtig h. richtig i. falsch j. falsch k. richtig l. richtig m. falsch n. richtig o. falsch

Lösung 138: a. iré b. veremos c. vendréis d. podrás e. tendré f. sabré g. diré h. caminarás i. venderé j. pondré k. viajaré l. harás m. saldré n. será o. oiré

139. ¿Verdadero o falso? Kreuzen Sie „richtig" oder „falsch" an!

a. *Lo contrario de dulce es amargo.* richtig falsch
b. *Los habitantes de Extremadura hablan portugués.* richtig falsch
c. *En Sevilla se baila muy bien el tango.* richtig falsch
d. *La mejor sidra de España viene de Asturias.* richtig falsch
e. *La costa española más soleada está en el norte.* richtig falsch
f. *Los habitantes de Venezuela se denominan venezolanos.* richtig falsch
g. *Conducir con prisas es peligroso.* richtig falsch
h. *Muchos jardines de Granada son árabes.* richtig falsch
i. *Los garajes holandeses están pintados de verde.* richtig falsch
j. *El fin de semana es el domingo y el lunes.* richtig falsch
k. *Un castillo no es lo mismo que un palacio.* richtig falsch
l. *La democracia en España es relativamente joven.* richtig falsch
m. *El alemán es la lengua que más se habla en el mundo.* richtig falsch
n. *Trabajar en grupo quiere decir trabajar en equipo.* richtig falsch
o. *La educación escolar no es generalmente gratuita.* richtig falsch

140. EN EL METRO Was sagen Sie in den folgenden Situationen?

a. *Alguien lee un periódico en voz alta.*

1. *¡Cállese!*
2. *¡Usted me molesta!*
3. *¿Podría leer más bajo?*

b. *Una persona le grita a usted.*

1. *¡Váyase!*
2. *¡Déjeme en paz!*
3. *¿Dígame?*

c. *Una persona anciana no tiene asiento.*

1. *¿Está bien?*
2. *¿Quiere sentarse?*
3. *¡Tome mi asiento!*

d. *Hay un perro peligroso cerca de usted.*

1. *¡Qué bonito!*
2. *¡Fuera, perro!*
3. *No mira al perro y lee el periódico.*

e. *Al bajar del metro, la anciana tiene problemas.*

1. *¿Puedo ayudarle?*
2. *¿Qué pasa?*
3. *¿Qué desea?*

f. *Con las prisas, alguien choca contra usted.*

1. *¡No se preocupe!*
2. *¡Vale!*
3. *¡De acuerdo!*

Lösung 140: a. 3 b. 2 c. 3 d. 3 e. 1 f. 1